世界は英語をどう使っているか

〈日本人の英語〉を考えるために

World of English

竹下裕子・石川 卓 編著

新曜社

まえがき

　巷には，英語に関する本があふれている。中学生や高校生のための学習書はもちろんのこと，大学生や社会人を対象としたTOEICやTOEFLのスコアアップのための参考書，就職や昇進のための英語力増強本，特定のスキルアップをめざしたCD-ROM付きのエクササイズの本……書店では目移りするばかりである。文部科学省が「英語が使える日本人」の育成に真剣に取り組むなかで，学校教育の場にとどまらず，街中でも家庭でも，通勤通学の電車を見ても，私たちの英語学習熱はますます加熱し，学習者の低年齢化も含めて，学習者の数が着実に増えていると思わせる現象が目に映るのである。

　本書には，小刻みで短期的な英語力アップの目標設定とhow-to重視の視点から離れ，自分の人生における英語とのつきあい方に思いをめぐらせるきっかけになってほしいとの願いをこめた。「英語が使える日本人」とはどういう人をいうのか，英語が使えるようになるとは，どういうことができるようになることなのか，英語が使えるようになって，いったい自分は何をしたいのか……。多くの読者は，当然のこととして，中学校入学と同時に英語を勉強し始めたことと思う。近い将来，小学生に対しても，教科としての英語教育が導入される可能性が高い。そのような「当然の」流れに無意識に流されることなく，英語を一生のテーマとして捉え，実社会そしてグローバルな世界で，英語による言語活動をする自分を想定する機会が，今，何よりも必要なのではないだろうか。その目標が見えると，英語はそれを達成するための手段になるともいえる。しかしそれは，英語を単なるツールに格下げしてしまうことにはならない。より大きな文脈の中で，私たちの人生をより豊かにするための重要な資質のひとつとして，意味を持ち始めるからである。

　タイ人と結婚した友人が帰国した。彼女の4歳になる娘の言語能力に興味を持ったので，日本語で話してみた。しばらくしてちょっとした議論になり，私に言い負かされてしまったその子は「もー，寝ちゃお」といいながら，テーブルにつっぷして寝たふりをしてしまった。「もー，寝ちゃお」は，"I had better sleep."とでも訳すことのできる，行き詰まった時にタイ人がよく口に

i

するタイ語の慣用句を，その子なりに日本語に訳したものである。タイ語と日本語のバイリンガルとして育つ子どもに教わった，タイ語の発想による日本語表現であった。

　子どもの頃，ロンドンに住み，帰国後もイギリス英語を学校で学んだタイ人がいる。私自身は，中学でアメリカ的な英語を学び，その後，アメリカで暮らした。私たちが英語で話すとき，彼女はイギリスのルールを意識して話し，私はアメリカのルールに則って話す……そんな非現実的なことは起こらない。タイ人らしい英語と日本人らしい英語による豊かな会話が成立するだけのことである。そしてタイ文化を少し知っている私は，議論に行き詰まったとき "I had better sleep." といって彼女に降参するかもしれないのである。

　このように，英語以外の言語を母語とする人々の価値観や考え方，あるいは慣習が入り混じる場面に遭遇する経験は，英語によるコミュニケーションにおいて日常茶飯事である。英語が世界に普及した今，世界各地の人びとが，自分らしい英語の表現を使っている。これが英語の国際化と同時に起こっている英語の多様化である。多くの地域の英語のユーザーが，学校で学んだネイティブ・スピーカーの英語を模範としつつ，意識的にも無意識的にも，自分の文化の中で培われた価値観や発想で発言し，行動している。違う文化を背負った者同士が出会い，ことばを交わすと，たとえ同じ英語ということばを使っても，そこに異文化間コミュニケーションが発生するのである。

　英語のネイティブ・スピーカーは世界の人口の1割にも満たない。いや，ネイティブ・スピーカーとひとくくりにするけれど，彼らも実に多様である。ニュージーランド英語は，温暖な気候が育んだ，懐の広い英語だと誇るニュージーランド人や，イギリス英語に恋焦がれるアメリカ人，粋なアメリカ英語が大好きだというイギリス人が実際にいるほどである。少数でも決して一様ではないネイティブ・スピーカーと，英語を外国語として学び，使用する，日本人を含む世界の人びとと，そして英語を公用語として使う国の人びと……さまざまな背景の人びとが世界中で使う英語であるからこそ，多様で豊かな生きたことばとして進化し続けているのである。

　国際社会に生きる私たちにとって，英語は一生の言語である。ネイティブ・スピーカーやそれ以外の人びととの接点を持つ機会はますます増えるであろう。その機会は，国外に限られるわけではない。日本国内にも，多様な言語文化を持つ人びとが増え続けており，彼らとの接点において，英語が役立つ可能性も増大している。私たちだけでなく，相手もまた，英語というコミュニケーショ

ン手段を持っているからである。そのような視点で英語の活用法を考えると，英語でコミュニケーションができるとはどういうことなのか，日本人として英語を使うことにどのような意義があるのか，さまざまな新しい可能性が見えてくる。

　多くの地域の独特な英語が，World Englishes の中の英語の一類型としての地位を得ている今日，日本人も日本人の英語で，日本や世界のさまざまなことを語りたい。そうする時，私たちは非ネイティブ・スピーカーというよりも，native speakers of Japanese English として，World of Englishes の中へとはばたいていけるのである。

　　　2004年5月

　　　　　　　　　　　　　　　　　　　　　　　　　　　　竹下　裕子

目 次

まえがき　　　　　　　　　　　　　　　　　　　　　i

第1部　世界のさまざまな英語　　　　　　　　　　1

第1章　英語の今　　　　　　　　　　　　　　　　3
1　New Englishes ——新しい英語とその可能性　　竹下裕子　4
　はじめに　　　　　　　　　　　　　　　　　　　4
　（1）世界のさまざまな英語使用者たち　　　　　　4
　（2）現代英語の国際化と多様化　　　　　　　　　7
　（3）さまざまな英語によるコミュニケーション　　8
　（4）さまざまな英語とその文化の接点において
　　　　起こりつつあること　　　　　　　　　　　11
　おわりに　　　　　　　　　　　　　　　　　　　13

2　アセアンと英語　　　　　　　　　　　　　奥平章子　15
　——アセアンにおける「英語観」とその成り立ち
　はじめに　　　　　　　　　　　　　　　　　　　15
　（1）なぜ「英語」が公用語なのか——アセアン文書の検証　16
　（2）アセアンにおける「英語観」と「英語」の役割　17
　（3）アセアンにおける「英語」以外の言語使用　　20
　（4）アセアンにおける「英語観」の成り立ちの要因　22
　おわりに　　　　　　　　　　　　　　　　　　　24

3　中東と英語　　　　　　　　　　　　　　　池田明史　26
　——エドワード・W・サイードの「オリエンタリズム」をめぐって
　はじめに——サイードとオリエンタリズム批判　　26
　（1）オリエンタリズムの論理構造　　　　　　　　27

（2）　オリエンタリズムと言語　　　　　　　　　　　28
　　　（3）　植民地支配と英語　　　　　　　　　　　　　29
　　　おわりに　　　　　　　　　　　　　　　　　　　　30

　4　国連と英語　　　　　　　　　　　　　　　　石川　卓　32
　　　——"国際政治を映す鏡"と"地球語"との相関関係
　　　はじめに　　　　　　　　　　　　　　　　　　　　32
　　　（1）　英語は「国連の公用語」か？　　　　　　　　32
　　　（2）　国連の創設経緯とアメリカ，イギリス　　　　34
　　　（3）　平和への間接的アプローチとしての教育開発と英語教育　36
　　　おわりに　　　　　　　　　　　　　　　　　　　　40

第2章　ネイティブ・スピーカーの国々では　　　　　　43

　1　アメリカと英語　　　　　　　　　　　　　　本名信行　44
　　　はじめに　　　　　　　　　　　　　　　　　　　　44
　　　（1）　アメリカ社会における英語の地位　　　　　　44
　　　（2）　英語の変種——ブラック・イングリッシュをめぐって　46
　　　（3）　英語のレトリック　　　　　　　　　　　　　48
　　　おわりに　　　　　　　　　　　　　　　　　　　　52

　2　カナダと英語　　　　　　　　　　　　　　　本名信行　53
　　　はじめに　　　　　　　　　　　　　　　　　　　　53
　　　（1）　カナダ英語の特徴　　　　　　　　　　　　　53
　　　（2）　カナダ英語のあれこれ　　　　　　　　　　　55
　　　おわりに　　　　　　　　　　　　　　　　　　　　57

　3　オーストラリアと英語　　　　　　スイッペル・パトリシア　58
　　　はじめに　　　　　　　　　　　　　　　　　　　　58
　　　（1）　オーストラリア英語の成り立ち
　　　　　　　——移民のことばとしてのオーストラリア英語　59
　　　（2）　労働者階級の人びとが「やってきた」
　　　　　　　——ブロードオーストラリア語の原型　　　62
　　　（3）　母語の保護——教養あるオーストラリア語の起源　64
　　　（4）　一般オーストラリア語の台頭　　　　　　　　66

（5）オーストラリアの Englishes　　　　　　　　68
　　おわりに　　　　　　　　　　　　　　　　　　　69

第3章　現代英語への道　　　　　　　　　　　　　　71

1　イギリス文学に見る英語の歴史　　　　　太田良子　72
　　はじめに　　　　　　　　　　　　　　　　　　　72
　　（1）To be, or not to be, that is the question.
　　　　　　——シェイクスピア（1606年）　　　　74
　　（2）OATS——ジョンソン『英語辞典』（1755年）　77
　　（3）It is a truth universally acknowledged...
　　　　　　——オースティン『高慢と偏見』（1813年）　78
　　（4）2b, or not 2b, that is the question.
　　　　　　——A・カーター『ワイズ・チルドレン』（1991年）　80
　　おわりに　　　　　　　　　　　　　　　　　　　82

2　聖書に見る英語の歴史　　　　　　　　　陶山義雄　84
　　はじめに——普遍的思想を伝える道具として働く言語　84
　　（1）ブリテン島とキリスト教　　　　　　　　　　84
　　（2）英語とキリスト教　　　　　　　　　　　　　85
　　おわりに　　　　　　　　　　　　　　　　　　　95

第2部　私たちの英語　　　　　　　　　　　　　　97

第4章　身近な英語のいろいろ　　　　　　　　　　99

1　ITと英語　　　　　　　　　　　　　　柳沢昌義　100
　　はじめに　　　　　　　　　　　　　　　　　　　100
　　（1）ITと英語の関係　　　　　　　　　　　　　100
　　（2）デジタル・ディバイドと英語　　　　　　　　103
　　（3）IT大国韓国と英語　　　　　　　　　　　　106
　　おわりに——世界最先端のIT国家をめざして　　　109

2　ジャーナリズムに見る英語　　　　　　　山岡清二　111
　　はじめに　　　　　　　　　　　　　　　　　　　111

（1）「国際語」の現状　　　　　　　　　　　　　　111
　　　（2）国際ジャーナリズムにおける英語の優位　　　　　112
　　　（3）日本のジャーナリズムにおける英語の役割と重要性　116
　　　（4）日本駐在の外国報道機関　　　　　　　　　　　119
　　　おわりに　　　　　　　　　　　　　　　　　　　　120

　3　福祉を考える英語―― What's Inclusion?　　　平田幸宏　121
　　　はじめに　　　　　　　　　　　　　　　　　　　　121
　　　（1）「はじめに分離（segregation）ありき」の発想から　122
　　　（2）そして包括（inclusion）へ　　　　　　　　　126
　　　おわりに　　　　　　　　　　　　　　　　　　　　128

　4　子どもたちと英語　　　　　　　　　　　　　森　眞理　130
　　　――「おとぎの国の英語」から「生きている英語」への可能性を探る
　　　はじめに　　　　　　　　　　　　　　　　　　　　130
　　　（1）「おとぎの国」としての幼児を取り巻く英語環境　131
　　　（2）バイリンガルへの道　　　　　　　　　　　　134
　　　（3）「生きている英語」になる可能性は？　　　　　136
　　　おわりに　　　　　　　　　　　　　　　　　　　　138

第5章　彼らの英語と私たちの英語　　　　　　　　　　　　141

　1　異文化を考える　　　　　　　　　　　　　　赤枝紅子　142
　　　はじめに――異文化理解はなぜ難しいか？　　　　　142
　　　（1）異文化コミュニケーションにおける文化の働き　143
　　　（2）異文化コミュニケーションにおける
　　　　　　コミュニケーションの働き　　　　　　　　　145
　　　（3）異文化コミュニケーションの難しさ　　　　　146
　　　（4）異文化理解の心構え　　　　　　　　　　　　149
　　　おわりに　　　　　　　　　　　　　　　　　　　　152

　2　英語学習と異文化理解の三つの段階　　　　　名嘉憲夫　153
　　　はじめに　　　　　　　　　　　　　　　　　　　　153
　　　（1）われわれはどのような時代に生きているのか？　153
　　　（2）英語学習の三つの段階　　　　　　　　　　　156

		（３） 異文化理解の三つの段階	159
		おわりに	162
3		**日本人として英語を使うこと**　　　岡本浩一	163
		はじめに	163
		（１） 英語学習の動機を吟味せよ	163
		（２） 英語の学習についての思い込みを吟味せよ	164
		（３） 日本語は特殊な言語ではない	167
		（４） 日本文化への評価	169
		（５） 日本の現代文学への海外での関心	170
		（６） コミュニケーションの前提としての日本人性の自覚	171
		（７） 読み書きの優位	171
		（８） いわゆるブロークン英語を避けよ	173
		おわりに	175

あとがき	177
注	181

装幀＝加藤俊二

第1部　世界のさまざまな英語

第1章　英語の今

　今日の英語のキーワードは「国際化」と「多様化」である。英語は「地球語」と呼ばれるほど，世界各地に浸透しており，もはやイギリス連邦諸国やアメリカなどのネイティブ・スピーカーの国に独占されるものではなくなっている。同時に，世界各地でさまざまなバリエーションが生まれているため，同じ英語を話しているつもりでも行き違いが生じる危険性が高くなっている。けれども，英語の世界は，画一的な英語にとらわれる必要はないという自由度と，新しいものを受け入れる柔軟性を備えている。

　英語との接し方もまた，さまざまである。多くの非英語国を抱えるアセアンでは，英語が自然に公用語化され，活用されてきた。一方，中東や国連の状況を見ると，英語の地球語化の背景には抑圧や力という要因があったことが明らかになる。

　このように，世界に広がる英語には，さまざまな"光と影"が伴う。そのような実態とさまざまな英語のユーザーの英語観を理解することは，グローバル化の進む今日，英語を学び，使っていく上で，ますます重要になっているのである。

1 New Englishes
―― 新しい英語とその可能性

竹下裕子

はじめに

New Englishes あるいは World Englishes という表現をしばしば目にする。English を可算名詞として扱うことは文法的には新しいわけではない。He speaks in an English with a strong Japanese accent.（強い日本語訛りの英語を話す。）のように，「一種の」という意味でずっと使われてきた。しかし New Englishes や World Englishes という English の複数形には，現代英語特有の見方，考え方がこめられているという意味で新しい。ここでは，現代英語の実情を明らかにしながら，New Englishes の意味と機能，そしてその可能性を，特にアジアにおける日本の視点から考えてみたい。

(1) 世界のさまざまな英語使用者たち

(a) ネイティブスピーカー

メルチャーズとショウ はグラッドル [1] の数字を引用して，世界の英語のネイティブスピーカーの数を3億7500万人と紹介している [2]。概算であるが，ネイティブスピーカーの数は，英国で5830万人，アイルランドで350万人，アメリカ合衆国で2億4000万人，カナダで1900万人，オーストラリアで1600万人，ニュージーランドで360万人，南アフリカ [3] で300万人ほどである。このほかにも，リベリア，カリブ諸島，フォークランド諸島，セントヘレナ，トリスタン・ダ・クーニャ，ジブラルタルなどで英語を第一言語とする人びとが多数派を占めている。

もちろん，これらのネイティブスピーカーがまったく同じ英語を使っているわけではない。同一のものを異なった単語で表す例としては，アメリカ英語のsubway と elevator に対するイギリス英語の underground と lift，単語は同じでも表す内容が異なる例として，bungalow におけるアメリカ英語の「バンガロ

一風別荘」とイギリス英語の「一戸建て平屋」や suspenders におけるアメリカ英語の「ズボンつり」とイギリス英語の「靴下留め」，つづりの点では，アメリカ英語の color, center, traveler に対するイギリス英語の colour, centre, traveller というように，彼らの英語には一見して多くの差異が認められる。発音，文法，語法にも多数の違いがある。さらに，違いは国単位でのみ生じているわけではない。一国の中にも地域的・民族的背景による顕著な特色があることは，アメリカ・ジョージア州出身のカーター元大統領の英語が話題となり，黒人やヒスパニック系アメリカ人の英語の特色が指摘されることからも明らかである。ネイティブスピーカーの英語が共有する部分は，それ以外の英語の場合よりもずっと多いことに間違いはない。しかし，私たちが「ネイティブスピーカーの英語」とひとくくりにしがちな言語も，実はそれぞれが「一種の英語」なのである。

(b) 英語を第二言語とする人びと

ネイティブスピーカーの英語を ENL (English as a Native Language) と呼び，英語を公用語または第二言語として使う国々の英語を ESL (English as a Second Language) と呼ぶ。アジアでは，インド，パキスタン，バングラデッシュ，マレーシア，フィリピン，シンガポール，アフリカではタンザニア，ザンビア，ガーナ，ナイジェリア，ケニアなどが ESL 国である。ESL 国では，行政，司法，科学技術，教育，ビジネス，出版，報道などの分野で英語が使われ，個人の生活レベルでは，国語や地域語など，英語以外のことばが使われることが多い。次項で述べるとおり，他国の人びとと英語を用いてコミュニケーションを図る場合が inter-national communication であるならば，ESL の国内における英語によるコミュニケーションは intra-national communication である。

各国の言語事情と言語政策はさまざまであるが，いずれも過去の英米の植民地政策と密接な関係を持っている。たとえばシンガポールは，19世紀からイギリスの植民地であったが，第二次世界大戦で一時日本に占領された後，再びイギリスの支配下に置かれ，1959年にイギリス連邦内の自治領となった。一時，マレーシア連邦に参加したが，マレー人との利害対立から分離し，1965年に独立した。国民の8割弱が中国系，14％がマレー系，8％がインド系である多民族国家のシンガポールは，すべての民族への配慮から北京語，マレー語，タミール語，英語を公用語としているが，行政用語は英語である。英語を母語とする国民がほとんどいない状況において，旧宗主国のことばである英語

を公用語,しかも行政用語と定めた背景には,どの民族からも等距離にある「平等な」英語を用いて,国内統一を図り,シンガポール人としての自覚を育むという目的があった。

　もう一例はインドである。連邦の公用語はヒンディー語と英語である。国土が広く,さまざまな民族と宗教を持ち,使われている言語は179[4]に及ぶともいわれるインドでは,英語が重要な国内コミュニケーションのことばであるが,10億あまりの人口のうち,英語使用者は3700万人[5]ほどの教育レベルの高い人びとに限られる。英語を母語とする人がほとんどいないため,民族的にも宗教的にも英語が「平等な」ことばであるという点で,シンガポールに似ている。シンガポールやインドに限らず,どのESL国の人びとも,自分の文化を背景とした価値観を投入した独自の英語を発達させており,国内外のコミュニケーションにおいて有効に用いている。

(c) 英語を国際コミュニケーションのための言語とする人びと

　国内のコミュニケーションのためではなく,他国の人びととのコミュニケーション,すなわち国際コミュニケーションの手段として用いられている英語をEIL (English as an International Language) と呼ぶ。従来,このジャンルの英語をEFL (English as a Foreign Language) と呼んでいたが,使用者の実態により忠実な表現に代えたものがEILである。アジアでは,日本はもちろんのこと,カンボジア,中国,インドネシア,韓国,タイ,台湾,ベトナムなどがこれに含まれる。次節で述べるとおり,「拡大しつつある」ジャンルに属するEILの使用者の数は,着実に増え続けている。

　EILの国々では,言語政策上,英語に公用語としての地位を与えてはいない。しかし,EIL国の多くの政府は,英語が国民にとって重要な言語であることを認め,英語学習の改善と充実を試み,英語がネイティブスピーカーだけでなく,さまざまな非ネイティブスピーカーとのコミュニケーションの手段としても活用できることをめざしている。

　日本を例にとると,文部科学省は2002年7月,「英語が使える日本人の育成のための戦略構想——英語力・国語力増進プラン」を発表したのに続き,2003年には「『英語が使える日本人』の育成のための行動計画」を策定し,英語教育の改善をめざした調査・研究に取り組んでいる。構想の発端は,21世紀のグローバル社会を生きる日本人にとって,国際共通語である英語を通じたコミュニケーションの能力を高めることが重要であり,日本のいっそうの発展に欠

かせないものであるという考えであった。

(2) 現代英語の国際化と多様化

　アメリカ・イリノイ大学の言語学者，ブラジ・B・カチュルーは，現代英語のありさまを三つの輪[6]を用いて説明している。Inner circle すなわち「内側の輪」にはネイティブスピーカーが，Outer circle すなわち「外側の輪」にはネイティブスピーカー以外の英語を第二言語とする人びとが，そして Expanding circle すなわち「拡大しつつある輪」には，その他すべての英語使用者，つまり英語を国際コミュニケーションのための言語として用いる人びとが所属するという構図である。

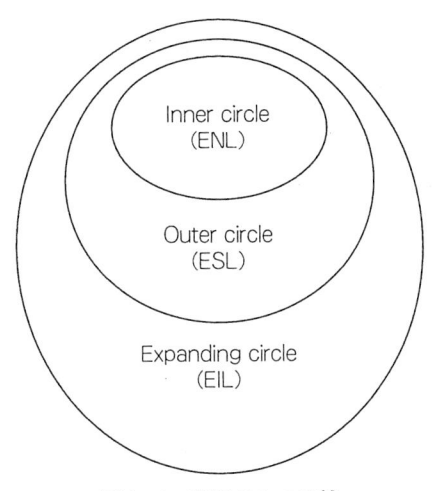

図1-1　英語の3つの輪

　英語がこのように世界的に普及し，ネイティブスピーカーの数をはるかに超える非ネイティブスピーカーによって用いられるようになったことを英語が国際化したと表現しよう。これが，現代英語の第一の特色である。英語の国際化と同時に起こってきたことは，英語が世界各地に普及し，定着し，独自の発達を遂げたということである。ネイティブスピーカーの英語をひとくくりにすることができないということはすでに述べたとおりであるが，ネイティブスピーカーのうちのひとつの英語が全世界に広がっていったわけではないということも，現代英語の重要な特色である。世界のそれぞれの地域で，英語を使うに至った事情と環境に応じて，それぞれの使用者らしい英語を使った発信と受信によるコミュニケーションが行われているのである。

　つまり，英語は世界的に普及したからこそ共通語としての機能を果たすことができるのみならず，多様化が妨げられなかったからこそ，普及した地域に適応し定着を果たした結果，共通語としての役割を担うことができるようになったのである。「外側の輪」と「拡大しつつある輪」の人びとが使う英語には，

「内側の輪」の英語とは異なる特徴が多く見られる。特に口語において，この傾向が顕著である。しかし，差異よりも共通する部分の方が多いからこそ，共通語としての機能を保持し続けている。また，「外側の輪」と「拡大しつつある輪」にいる人びとが積極的に英語による発信を試み，「内側の輪」の人びとがそれを認め，受け入れる寛容さを持っているからこそ，さまざまなEnglishesによるコミュニケーションが成立する。英語は，「内側の輪」に属さない人びとが使う「新しい」英語の使い方を取り入れながら，変化と成長を続ける，まさに生きたことばなのである。

(3) さまざまな英語によるコミュニケーション

英語によるコミュニケーションの多様化は，ESLとEILのジャンルに属する人びとによる英語活動が，ENLの人びとのそれに加わったことによるものである。何を目的として，誰が英語を勉強し，誰が英語によるコミュニケーションを実践しているのかという問いに対する答えは，それぞれの国の政治的，経済的，教育的，そして心理的な事情などにより異なる。英語の国際化と多様化は，その使用者の多様化と複雑化をもたらした。ネイティブスピーカーと非ネイティブスピーカー，同じ国に生きる，異なった地域語を母語とする者同士，そして英語を学校でコミュニケーションの言語として学んだ非ネイティブスピーカー同士が，日々，さまざまな状況において英語によるコミュニケーションを図っている。

一つひとつの英語の種類をvarietyということばで表現する。Variety is the very spice of life.（多様性こそ人生のスパイスである＝いろいろなことが起こるからこそ，人生には味がある）という諺で使われるようなvarietyは，全体が単調でなく変化に富む要素を含む場合に用いるが，言語学におけるvarietyは，一つの言語グループの中に，何らかの根拠でさらに分類することのできる種類が認められた場合，分類された個々の種類を表すのに使われ，日本語では「言語変種」などと訳される。この意味では，varieties of roses（いろいろな品種のばら）という場合と同様である。ここで，異なった英語の言語変種を用いたコミュニケーションの例をあげて，英語使用の多様化とその問題点を確認したい。

(a) フランスのレストランにおける日本人とタイ人の会話

場所はパリ，共に旅行者の日本人とタイ人の若者が知り合い，意気投合し，

連れ立ってレストランに食事に行ったとしよう。差し出されたのはフランス語で書かれたメニューのみであるが，二人ともフランス語はまったくわからない。そして同様にフランス語のメニューにてこずっていた隣のテーブルのアメリカ人が，二人の注文が参考なるかもしれないと期待して，日本人とタイ人の英語による会話に聞き耳を立てている。

表 1-1

日本人とタイ人の会話		（盗み聞きのアメリカ人）
日：① Can you read French？	フランス語、読める？	
泰：② Can not.	読めない。	（タイ人は読めないのか）
③ Can you？	君は？	
日：④ No.	だめだ。	（日本人もだめなのか）
泰：⑤ Oh, you can't read French, too？	読めないんだね。	
日：⑥ Yes. You can't read it, can you？	うん。君もだね。	（ん？日本人は読めるのか）
泰：⑦ Yes, me, too.	そうなんだ、ぼくも。	（タイ人も読める？）
日：⑧ We are same！	ぼくら、おんなじだ。	（どう同じなんだ？？）
泰：⑨ Then, what shall we order？	じゃ、何を頼もうか。	
日：⑩ I don't know.	わかんない。	？？？？？

　会話の日本語訳は，若者たちが意図した内容である。しかし，ネイティブスピーカーのアメリカ人は，彼らのフランス語読解力の有無を確認できずにとまどっている。アメリカ人の耳には，②と④でフランス語のメニューは読めないのだと否定されたのに，⑥と⑦では前言をくつがえし，肯定されているように聞こえる。日本語とタイ語では，内容が肯定であろうと否定であろうと，相手がいったことの正しさを認めるために「そのとおり」という意味で「はい」と言うが，その習慣がこのレストランの会話に表れたことがこのとまどいの大きな要因である。また，②には，タイ語の影響を受けた英語表現 can not があり，⑤には否定文における either の代わりに too や also が使われるという，日本人にも見られがちな「誤り」が認められる。

　この日本人とタイ人のコミュニケーションをどう評価するべきだろうか。二人の会話はネイティブスピーカーには伝わらなかった，あるいは少なくとも伝わりにくかったという点から，ネイティブスピーカーに通じないものは英語として不合格であるという人もいるだろう。しかし，フランス料理の注文に成功したかどうかは別として，会話の当事者たちの間では，フランス語は読めない，メニューが読めない，困ったことだ，という状況を確認しえたという意味で，

コミュニケーションが成功しているのである。

　これは書面上のやりとりではなく，実際の会話である。日本人は，学校でアメリカ式の英語を学習してきたはずである。同様にタイ人も，イギリス式の英語を学習してきたであろう。もしこれが，手紙やEメールによるやりとりで，時間をかけて辞書を使い，内容を推敲したならば，もっと違った英語が使われたかもしれない。しかし，国際コミュニケーションには，事前の準備を許さない，口語による即興的なやりとりが多分に含まれることを考えると，上の例のように母語が介入した「正しくない」英語表現が用いられる場面が少なくない。意思疎通を第一の目的としたコミュニケーションにおいて，意思疎通が図られたならば，そのコミュニケーションは成立したと評価することも重要であろう。

　さらに，ネイティブスピーカーの規範に合わない部分を「誤り」として切り捨ててしまうか，「日本人らしい英語」あるいは「タイ人らしい英語」として認めるべきか，判断は容易ではないかもしれない。しかし，学校の教室という作られた環境は例外として，実際の国際コミュニケーションにおいて，日本人は学校で習ったアメリカ人の言語的・文化的規範にしたがってアメリカ英語を使うべきであり，タイ人は学校で習ったイギリス人の言語的・文化的規範にしたがってイギリス英語を使うべきであるというのは，大変に非現実的であるし，不必要なことでもある。日本人は日本人らしい英語で，タイ人はタイ人らしい英語で，互いに共有する部分でコミュニケーションを図る以外に，現実的な手段はありえない。この現実を肯定しない限り，日本人はいくら勉強し続けても，国際コミュニケーションの担い手になることはできないということになってしまう。いかに努力しようと，発音，イントネーション，言い回し，発話の内容にこめる価値観など，あらゆる点でネイティブスピーカーと同じ英語を話すことなど，非ネイティブスピーカーには不可能なことなのであるから。

(b) 香港におけるイギリス人警視と中国人巡査の会話[7]

　返還前の香港において，イギリス人の警視の部屋に中国人の巡査がやってきて気をつけの姿勢をとった。巡査は促されるままに，「母が病気なんです」「入院しなければならないんです」「今度の木曜日なんです」という説明をした。けれども，「で，言いたいことは何なんだ」という警視の厳しい問いに対して，「いえ，何でもありません。もういいんです」といい，部屋を出て行ってしまった。巡査が立ち去ると，警視は居合わせたオーストラリア人の友人にいった。「あいつらはまったく要領を得ないんだ。母親の看病で休暇がほしいなら，は

っきりそういえばいいのに。遠まわしな言い方で私の時間を無駄にするなんて！」

さて,このコミュニケーションは成功したというべきであろうか,それとも失敗に終わったというべきであろうか。巡査の目的は,警視の推察どおり,入院する母親に付き添うために何日かの休みをもらうことであった。少なくとも,非ネイティブスピーカーの彼は,休暇がほしいこと,そしてその理由が母親の病気と入院であることを英語のネイティブスピーカーの警視に知らせることができた。ただし,その知らせ方がイギリス式ではなく,きわめて中国的であった。交渉は成立せず,休暇は与えられなかった。というよりもむしろ,中国人の巡査は,警視が察してくれることを期待して,交渉という手段に訴えなかったため,休暇を取りそこなったのである。

伝える相手に心地よい伝え方をしなかった中国人に非があると考えることもできるだろう。反対に,意地悪をしたイギリス人に責任があると考えることも可能である。さらに,歩み寄らなかった両方に落ち度があるという言い分もあると思われる。いずれにせよ,英語による国際コミュニケーションが世界各地で行われている現在,この例はほんの氷山の一角にすぎず,同様の（ミス）コミュニケーションは,意図的にも無意識的にも,数多く生じている。「正しい」文法や「正しい発音」のみがコミュニケーションの成功のカギではないことは明らかである。英語に限らず,どの言語で話そうと,人から人への伝え合いに関わることばの裏にあるさまざまな要因が,そこには関わっている。英語の普及と多様化により,さらに広く各地で実践されていく異文化間コミュニケーションの成功には,このような言語を超えた広い要因も深く影響を与えることになるのである。

(4) さまざまな英語とその文化の接点において起こりつつあること

上の二つの例のように,コミュニケーションの手段に New Englishes の言語変種が用いられれば用いられるほど,同じ文化や価値観・考え方を共有する者には通じても,そうでない相手には伝えにくい内容が増えていく。相手と共有する部分を知っているために伝達できる場合もあれば,偶然に伝わる場合もあり,互いの努力によって共通理解にたどり着く場合,そしてどちらも努力しなかったために理解しあうことができない場合もあるなど,さまざまな状況が思い浮かべられる。

日本語を母語とする人が，英語のネイティブスピーカーに対して，「彼にはその真価がわからない」ということを英語で表現しようとして A gold coin to a cat.（猫に小判の意味）といったとしよう。これは通じるかもしれないし，通じないかもしれない。しかし A pearl to a pig.（豚に真珠の意味）といえば，おそらく伝わるであろう。Cast not pearls before swine.（豚の前に真珠を投げることなかれ）という英語の諺がひらめくと思われるからである。しかし，聞き手がネイティブスピーカーではなく，タイ社会に育ったタイ人ならば，豚ではなく A gold coin to a cat. に反応し，しかも「真価がわからない」の代わりに，何らかの肯定的な意味をこの表現に見いだすかもしれない。タイ社会における猫は，たとえば犬よりも高等な動物とみなされているからである。

　ESL 国と EIL 国には，その国や地域に固有の英語の語彙や言い回しが多数，存在する[8]。たとえば，フィリピン英語[9] では，トイレのことを comfort room と呼び，サイドカー付きオートバイを tricycle[10]，焼きバナナを bananacue，怪しげな商売を monkey business と呼ぶ。台湾語や北京語が英語に影響を与えることがある台湾の英語[11] には，北京語の「鳥」が持つ「かまう」という意味を取り入れた Nobody birds me!（誰もかまってくれない）という表現がある。タイの英語[12] で Yesterday, I worked until four. といわれても，午後や明け方の４時まで仕事をしたのではないかもしれない。夜の７時から順に１時，２時，３時と数え始めるタイ式の時の表現に従い，夜 10 時まで残業をしたかもしれないのである。

　上のいくつかの例は，その英語の使用者の言語や文化と関連づけられて初めて意味を持つ。外国人ならば，その国に滞在しない限り，知っておく必要がないものも多いかもしれない。しかし，異文化間の交流においては，舞台がどの国のどの地域であろうと，それぞれの変種特有の表現に遭遇する可能性は高い。そしてなかには，さまざまな背景の者が関わり合ううちに，一部の者が発信し，多くの人の耳に触れ，用いられるようになり，国際的な地位を獲得するに至る単語や言い回しもある。save face という表現は，「面目を保つ」「顔を立てる」という意味である。これは，中国人が最大の侮辱と考えるといわれている「面子をつぶすこと」[13] に対する中国語の「保全臉面」を翻訳借用したものであるが，英語がネイティブスピーカー以外の文化の考え方を採用して英語表現をより豊かにした一例であろう。

おわりに

　日本では，日本語を母語とする日本人同士が英語で話をするという状況はまず考えられないが，中学生から英語を学び始め，大学生になっても専攻にかかわらず，学生生活の一定部分を英語学習に費やしている。文部科学省は，中学校卒業者に英検3級程度，高校卒業者に英検2級程度の英語力を，そして大学生には仕事で英語を使える人材となって卒業することを求めている[14]。小学生はどうかというと，現在，3年生以上が「総合的な学習の時間」の国際理解教育の一環として英語会話などの授業を受けることができる。また，アジア諸国に遅れをとっている小学校の教科としての英語の導入が前向きに検討されている。学校教育以外においても日本人の英語学習の熱心さは顕著であり，英語学習の低年齢化，TOEICのスコアなどを基準とした企業による英語力の重視，自治体の英語によるホームページの開設，英語を公用語とすることに関する議論など，英語に関する話題が豊富である。

　それにもかかわらず，日本人の英語力は低いといわれる。しばしば引き合いに出されるのはTOEFLのスコアである。2001年7月から2002年6月のデータを基にしたアジア諸国間の比較では，日本の受験者数は第1位[15]であるにもかかわらず，スコア[16]においては最下位の北朝鮮に次ぐ低さである。もちろん，国によって言語事情が異なっているし，受験者数も受験者のタイプや受験目的も非常に異なる状況において，単純なスコア比較をすることは賢明ではない。さらにTOEICと同様に，このテストが測ることのできる英語力の限界も考慮しなければならない。しかし，他国との比較はどうであれ，文部科学省主導で動きつつある「『英語が使える日本人』の育成のための行動計画」がその効果を発揮し，その結果として，さまざまな標準化テストにおける日本人の得点が高くなるに越したことはないであろう。

　日本人の英語はJapanese Englishとして，世界のさまざまな英語のうちのひとつのvarietyに数えられている。New Englishesを構成するひとつの要素である。日本人は間違いを恐れるあまり，英語使用に対して非常に消極的であるといわれるが，それは従来の学校教育を通じて各自が頭に刻み込んでしまったネイティブスピーカーの規範と自分の英語を照らし合わせた結果，引き出している行動にほかならない。日本人がネイティブスピーカーの英語の習得を求める限り，そこに到達する日が来ることはなく，自信を持って日本人として英語に

よるコミュニケーションを図ることのできる日が来るはずもない。本名信行の表現を借りれば[17]，積極的に英語を使うことのできない日本人は，泳げるようになるまで泳がないと決心して，頑固にプールサイドに陣取っているようなものなのである。

　この対極にある考えは，従来の「間違い」を間違いとはみなさず，それが日本人らしさであると考え，ネイティブスピーカーの尺度による完璧さを求めることなく，積極的に英語活動を行うべきだというものである。英語で世界を相手にするという一大決心をする必要はない。次章「アセアンと英語」が証明するとおり，英語はアジアをつなぐことばである。後半の「ITと英語」では，隣国の韓国が持つ英語観と取り組みの一端が明らかになる。現代社会において，英語はもはや，よその国の人びとの母語，日本人にとっての「外国語」ではなく，私たち自身のことばでもあるという認識を持つことが大切である。アメリカ人やイギリス人，オーストラリア人とニュージーランド人は，たしかに英語のネイティブスピーカーである。しかし同時に，World Englishes がつなぐグローバルな世界において，私たち日本人の一人ひとりが，native speaker of Japanese English（日本英語のネイティブスピーカー）であるという考え方も，大変に重要な意味を持っているのである。

2 アセアンと英語
―― アセアンにおける「英語観」とその成り立ち[1]

奥平章子

はじめに

今日のグローバル化と同時進行的に加速する地域統合は,さまざまな分野で域内外へ多大な影響を与えている。ここでは,地域協力機構における国際[2]コミュニケーションという観点から,アセアン (ASEAN: Association of South East Asian Nations, 東南アジア諸国連合) を取り上げる。現在,インドネシア,シンガポール,タイ,フィリピン,マレーシア,ブルネイ,ベトナム,ミャンマー,ラオスおよびカンボジアの10ヵ国で構成されるアセアンは,東南アジアというきわめて言語の多様な地域にまたがる地域協力機構であるにもかかわらず,1967年の設立以来,組織・運営のすべてを英語で行ってきた。

当然のことながら,さまざまな国で構成される地域協力機構では,域内コミュニケーションのための共通言語が問題となる。地域的共通言語を持つロシア語圏,スペイン語圏,アラビア語圏,英語圏などでは各々の共通言語が使用される。言語的背景が多様に異なる国が集う代表例として,アセアンのほかに欧州連合 (European Union: EU) がある。EUでは,加盟15ヵ国の主要11言語がすべて対等な公用語であり,それらの言語への,あるいは,それらの言語からの翻訳や通訳がそのつど行われている。さらに,2004年5月1日,10ヵ国の新加盟国を迎え,公用語は20言語へほぼ倍増した。EUの公用語設定に関しては,さまざまな議論が闘わされてきた背景がある。これは民主的「言語尊重の原則」を示すひとつの方法である。EUではこうしたかたちの「言語的民主主義」を明文化した政策がとられ,実施のための相当額の経費および労力がシステムに組み込まれている。

アセアンとEUが最も異なる点は,アセアンでは共通言語が英語に統一され,それがいずれの加盟国の母語でもない「第三者の言語」であるところである。さらに特異なことに,アセアンには言語に関する論争の記録が皆無であり,公用語を英語に定める記述も存在しない。実際,すべての組織・運営が当然のよ

うに英語で行われてきた。設立当初から加盟国間には英語に対する共通認識があったと思われるが，こうしたアセアン地域に共有される英語観は，他の地域には見られない，独自の発展を遂げたといえる。英語使用を全加盟国の平等策とするアセアンの言語政策のあり方は，EUの例とは異なる「アセアン流の言語的民主主義」に根ざしたものである。この英語観形成の背景には歴史的境遇などの外在的要因，そしてアセアンの内在的性質，すなわち「アセアン性」がある。これは，上述の文書化されない合意のような，アセアンの「高コンテクスト」[3]性ないし「アナログ」[4]性といった非言語性の強いものであるといえる。

(1) なぜ「英語」が公用語なのか──アセアン文書の検証

在ジャカルタ（インドネシア）の中央事務局によれば[5]，アセアンでは一貫して英語が唯一の公用語として使用されてきた。すなわち，アセアン関連の会議・委員会，条約・宣言・声明などの文書作成，出版物，中央事務局の事務作業やアセアン各国国内事務局（ASEAN National Secretariat）との連絡業務など，一切の活動が英語で行われてきた。したがって会議では原則として通訳はつけない。ごくまれに本国から個人的に通訳を同伴する程度である。英語が公用語として使われることになった理由を，設立当初のアセアン文書から探ってみたい。

1967年8月5日から8日まで，インドネシア，マレーシア，フィリピン，シンガポールおよびタイの各国外相がタイのバンコクに集まり，「東南アジア5ヵ国外相会議」を開催した。ここで採択された「アセアン設立宣言」（通称「バンコク宣言」"Bangkok Declaration"）[6]がアセアンの幕明けであった。しかし，この宣言には機構内で使用される言語や公用語に関する記述が一切見られない。

それでは，設立当初，加盟国間の域内コミュニケーションの方法について，どのような話し合いが行われたのであろうか。上記「外相会議」の議事録にも言語や公用語に関する記載がない。「外相会議」や「バンコク宣言」そのものが英語で行われていたほか，5ヵ国の各代表者が発表した声明[7]そのものが英語であり，しかも公用語問題に何ら触れていないことからもわかるとおり，アセアンの使用言語は当初から英語であった。1976年2月24日，「第1回アセアン首脳会議」（インドネシア・バリ島）で採択された「アセアン共同宣言」("Declaration of ASEAN Concord")[8]の文化・情報に関する条文のひとつ[9]

や「東南アジア友好協力条約」("Treaty of Amity and Cooperation in Southeast Asia")[10]の第5章第20条[11]に初めて言語に関する記述が登場するが、いずれも加盟各国の言語尊重と平等性を強調したもので、英語使用に言及したものではない。

(2) アセアンにおける「英語観」と「英語」の役割

上のとおり、英語がアセアンの公用語になった理由を文書から知ることはできない。そこでアセアン中央事務局や関連機関[12]で関係者から聞き取り調査を行った。調査項目は、① どのような過程を経て英語を唯一の公用語として採用するに至ったか、② 設立当初よりなぜ英語が唯一の公用語でありえたのか、③ アセアン内で、英語使用や公用語をめぐる問題が生じたり議論されたりしたことがあったか、および、④ もしあったとすれば、どのように解決されたかの4点に絞った。

(a)「英語観」
聞き取り調査では、英語が唯一の公用語となったことに関して、次のような6種類の回答を得た。(ⅰ) 自然の成り行きであった（Came out automatically.）、(ⅱ) 規定はないが、実際にはそのように扱われてきた、(ⅲ) 誰も注目したり意識したことがない、(ⅳ) 当然のことと受け止めていた（Took it for granted.）、(ⅴ) ある種の紳士協定（Gentlemen's agreement）が存在した、および、(ⅵ) 加盟国間共通の合意があった。つまり、アセアン設立当時からすでに加盟国間に英語は共通言語であるとの認識が確立しており、機構内の英語使用は当然のことという前提に立っていたという。設立以来、英語が使われてきたことに対する特別の疑問や論争がないまま今日に至っている。加盟国間で英語を公用語とする暗黙の了解、すなわち、そのような英語観が設立当初から共有されていたと考えられる。

(b)「英語」使用の利点と問題点（1）——利点
① 財政と労力の節約
EUのように複数言語を公用語に定めると通訳や翻訳のための経費がかかるが、公用語を英語に統一すると財政的負担がない。中央事務局の職員は、アセアンがEUほど財政的に豊かでないため、公用語を一本化したことは賢明な選

択であったと述べている。この財政的制約が言語政策面において，事務上の煩瑣化はもとよりシステム上の複雑化を防ぐことになったといえる。

② 直接の対話

英語はどのアセアン加盟国の国民の母語でもない。したがって各国に独特の訛りがある反面，会議出席者全員の直接対話が可能になるというメリットがある。通訳を介せば会議の流れがスムースでなくなる。ラオス人職員の話では，会議における話し合いは「コンテクスト」に深く根ざしたものであるため，自分の意図が通訳により違ったニュアンスで伝えられかねない。自国文化に根ざした表現や諺などを取り入れた話の場合は特にそうである。まして言外の情感などは当然のことながら通訳を介すと伝えにくい。会議の参加者は話し合いの内容だけでなく，その背景にも精通している必要がある。アセアンでは際立ったコンテクスト重視の「高コンテクスト文化」[13]が共有されていると考えられるため，直接対話は，アセアンにおける円滑なコミュニケーションの必須要件である。公用語を一言語にすることは，通訳や翻訳の労力をすべて節約できるだけでなく，それに伴いがちな解釈の相違や誤解をも回避できるのである。

また最近では，通訳を介すことが形式化していると指摘する向きもある。たとえばアジット・シン（Dato' Ajit Singh）アセアン中央事務局長が在任中，ロシアのヨヴゲニ・プリマコフ外相と通訳を介して対談した際，同外相は通訳者の訳をそのつど訂正していたというエピソードが残っている。必要がなくとも，形式的に通訳をつけることも多い。このようなことから，アセアンで公用語を統一使用することはきわめて「実用的」と考えられる。

③ 平等性

1997年7月にミャンマーとラオスが，1999月4月にカンボジアがそれぞれ新規加盟した結果，アセアン加盟国は東南アジア全10ヵ国に及んだ。アセアン加盟国の国民は，各々の古い歴史と文化を背景とする公用語ないし共通語を使用しているにもかかわらず，第三国の言語である英語を使用する。それゆえ，アセアンにおける英語はきわめて「中立的」である。英語は「国際」言語であるため，これを使う者は「国際」社会に属しているという認識を持つことができる。アセアンで英語の公用語論争が起こらなかったことは，全加盟国にとって第三者の言語を使用する「平等性」に大きく起因していると考えられる。

④ 域外との関係

英語が公用語に採用された背景には，域内だけでなく域外とのコミュニケーションに対する配慮があったといわれる。事実，アセアンは現在，日・米・加・豪・ニュージランド・韓・印・中・露の9ヵ国，EUおよびUNDP（国連開発計画）と「対話国関係」(Dialogue Partnership) を持っているが，そのうちの4ヵ国の母語は英語である。したがって英語使用によって域外とのコミュニケーションの諸問題を軽減することができる。

⑤ 共通言語としての英語

アセアン中央事務局職員は「たとえば，インドネシア語を公用語にしていたら，機構内で仕事をするために，タイとフィリピンから役人を探してくるのに一苦労しなければならなかったであろう」という。英語はもちろんアセアン諸国の母語ではないが，同地域で最も話者人口の多い「共通第二言語」(Common Second Language) であるため，多くの人がアセアンの活動に関わることができる。

⑥ コンピュータと通信

ますます発展し続けていくコンピュータおよびインターネットによる通信上，英語は最大の武器である。またアセアン諸国および東アジア地域のコンピュータのソフトウェアやプログラムの大半が英語によるものなので，アセアンの公用語が英語であることはさらに利益をもたらすことになる。また，現在，アセアン加盟国はインターネットを利用した各国最新情報の発信をめざし，中央事務局のホームページ[14]に各国ホームページをリンクさせ，それらの随時更新とメンテナンスを試みている。

(c) 「英語」使用の利点と問題点 (2) ── 問題点

アセアン中央事務局によれば，いずれも1990年代に加盟したベトナム，ラオス，カンボジアのいわゆる旧仏領三国の英語使用には多少の問題があった。つまりそれを「問題である」と認識しなければ問題でなくなるという前提に立てば，旧仏領諸国を迎え入れるまでは英語の公用語使用に何の問題もなかったという。

アセアンは旧仏領新規加盟国の英語運用能力向上支援のために尽力している。たとえば，常任委員会ではラオス人およびベトナム人国家公務員のための英語

トレーニング・プロジェクトとして "Planned English Training for ASEAN, Lao and Vietnamese Officials in Indonesia and Canada" [15] などを実施している。

これら三国へは域内外の諸政府や機関からもさまざまな援助が行われている。たとえば，ベトナムのアセアン加盟にあたり，在ベトナムブリティッシュ・カウンシルは同国国家公務員のための英語コースを提供し，ベトナム外務省アセアン局もアセアン加入のための英語教育トレーニングを行ってきている。さらにフィリピン政府や RELC[16]，CIDA[17]，AusAID[18]，VOCTECH[19] などの機関による英語コースの提供も行われてきた。国際機関からの支援としては，UNDP による "Facilitating the Integration of Vietnam to Join ASEAN" という英語強化プログラムが実施されている。ラオスの加盟に際しても同様のプログラムが提供されたほか，ラオスとオーストラリアとの二国間で運営される "Cabinet Crash Course" という英語トレーニング・プログラムなどもある。

(d) 英語の機能

アセアンには英語使用上の際立った二つの特徴がある。ひとつは，上述のとおり加盟各国はそれぞれの歴史・文化的，社会的および民族的背景に根差す誇るべき自国語を持っていることである。もうひとつは，そのような前提に立ち，実用的，機能的，効率的ならびに中立的な「道具」として英語を使用していることである。1967 年 10 月，アセアン結成の年に，マレーシアのハッサン教育事務次官も，自国語のマレー語と英語との関係について同様の発言をしている[20]。アセアンの英語は，こうした独自の言語環境下で唯一の公用語として，先に述べた諸々の利点を活かしながら着実に機能し続けてきており，それは今後も変わらないであろう。

(3) アセアンにおける「英語」以外の言語使用

(a) アセアンの「第二公用語」案

英語を使うのは当然と広く考えられてきた一方，英語以外の言語をアセアンの「第二公用語」とすることに関する質問や提案が公的な場で少なくとも二度行われている。一度は 1994 年，ベトナムのハノイで行われた同国のアセアン加盟のためのトレーニング・コースの場で，ベトナム人アセアン関係者がフランス語をアセアンのもうひとつの公用語にする可能性について質問したのに対し，事務局側はその可能性はないと回答した。これ以降，フランス語の公用語

化問題は浮上していない。二度目はマレー語の公用語案である。1997年7月1日から同5日までマレーシアで行われたアセアン文化・情報委員会（ASEAN Committee on Culture and Information: COCI）第32回会議において，マレーシアのラフマ（Dato' Mohammed Rahmat）情報相がマレー語の第二公用語案に言及した。会議に同席したアセアン中央事務局文化・情報委員によれば，その発言の背景にはマレーシア，インドネシア，ブルネイおよびフィリピン南部に広域でマレー語話者が多数存在する事実があったが，フィリピンが非公式にこの提案を拒否した以外，特にコメントもなく立ち消えになったという。

(b)「英語」以外の言語を使用する場合

英語以外の言語が公に使用される場には「アセアン首脳会議」と「アセアン外相会議」がある。これらの会議では，首脳レベルに演説を自国語で行う「権利」が与えられているが，実際にはほぼ英語で行われる。大臣レベルは通訳を要請できるが，それ以下のレベルでは英語が使われるため，必要ならば本国から通訳を同行させる。会議の報告書は英語で提出し，他言語への翻訳は行わない。アセアン域外とのコミュニケーション，諸外国との会議，あるいは二国間関係ではおおむね英語が使われる。さらにアセアン中央事務局から各国内事務局への連絡も英語で行い，翻訳作業は一切行わない。国内事務局に渡った連絡を自国語に翻訳する国はタイ，インドネシア，ブルネイ，ベトナム，ラオス，カンボジア，原文のまま使用する国はシンガポール，マレーシア，フィリピンおよびミャンマーである。

(c) アセアンにおける加盟各国の言語

こうした状況下で，アセアンは加盟各国の言語に対しどのような配慮をしているであろうか。加盟各国はそれぞれ自国の憲法や慣習法などにより「公用語」ないし「共通語」を特定し使用している。建前上，少数派言語にもそれなりの使用許可を与えている国もある。インドネシアのスハルト元大統領は，アセアン首脳会議の場で誇りを持って意図的にインドネシア語で演説を行っていたという。自国語に対する誇りという点は，加盟各国に共通したものと思われる。1978年の設置以来，活発に活動しているアセアン文化・情報委員会は，各国言語の尊重および加盟国相互の文化理解促進のための多数のプロジェクトを立案・実施している。英語を唯一の公用語として効率化を図る一方，文化・情報委員会などの活動を通じて，多様性に富む域内の文化交流を積極的に推進して

いるところにアセアンの機能と実質を使い分けたバランスの良さがある。

(4) アセアンにおける「英語観」の成り立ちの要因

ハッサン・マレーシア教育事務次官も述べているとおり，どのアセアン加盟国も自国語をこの上なく誇りとしている。他方，地域がひとつにまとまるためには共通した言語が必要である。上に見てきたように，アセアンの場合それが英語であり，唯一の共通言語であるという地位が当たり前のように確立されている。こうした英語観は，どのように生まれたのであろうか。ここでは外在的要因と内在的要因の両面から考察する。

(a) 外在的要因

アセアンの英語観が形成された外在的要因は，歴史的境遇とそれによってもたらされた英語の機能という二つの段階に類別できる。歴史的境遇とは，加盟10ヵ国のうちシンガポール，マレーシア，フィリピン，ブルネイおよびミャンマーの5ヵ国が英米諸国の支配を受けた経験を持つということである。支配者層の言語であった英語は公用語として立法，行政，司法，商業など国家システムの中にさまざまなかたちで機能した。植民地支配者が撤退した後の各国の政策はさまざまである。シンガポールのように英語を国内コミュニケーションの言語として公用語のひとつとする政策をとった例，マレーシアのように部分的に公用語として英語使用を認める例，ミャンマーのように英語使用はもっぱら国際関係の場に限る例など一様ではない。いずれにせよアセアンが英語を公用語にした理由のひとつは，同地域での英米諸国支配の歴史による遺産という外在的要因に基づいている。

しかし残り5ヵ国，すなわちインドネシア，タイ，ベトナム，ラオスおよびカンボジアには英米諸国の支配下に置かれた歴史がない。したがって英米支配の歴史がアセアンでの英語使用の唯一の要因とはいえない。西洋列強による植民地支配という点ではタイを除く残り4ヵ国にも共通するが，これらの国の支配者は英語を母語としないオランダとフランスであった。域内に通用した他のどの言語にもまして英語が現在の地位を築き上げたのは，英語が国家発展と国際関係の手段として機能したからであった。これが今日のアセアンの英語観を形成した第二の外在的要因である。

まず，インドネシアの植民地言語として使われていたオランダ語が，英語ほ

ど根付かなかった理由は，オランダと英国の植民地政策の違いに加え，オランダ語と英語の機能の違いにあった。オランダ語と英語はいずれも，植民地支配の遺産であるが，国家の発展への貢献度において異なっていた。インドネシアが英語を受け入れた大きな要因は，これが国家発展のための言語として機能したことである。国家発展とは具体的に科学・技術，商業などの発展をさすが，それらを「先進諸国」から導入し国内で発達させていく手段として英語を必要としたのである。この点はタイと酷似している。植民地支配経験のないタイも，数百年前より活発に諸外国との交流を行っており，英語は国家を発展させる商業や学問のための言語であると認識していた。

　ベトナムにはフランスの植民地統治の歴史からフランス語の影響が色濃く残っていたが，ベトナム戦争後の社会主義政権下での経済を中心とした改革路線において英語の必然性が増大した。国家発展の手段として特にベトナムでは「英語が経済言語（English means money.）」[21]と強く認識されている。ラオスでも状況は似ており，経済開放に伴う外資系企業の進出により経済発展を促すために英語が重要視されていった。さらにミャンマーでも英語は国際社会を知るために必要な言語であり，自分たちの世界だけにこもっている限り，国の発展は望めないという態度を強く示している。

　植民地支配から解放され独立を果たしたアセアン諸国は，一国家として国家発展をめざすと同時に，地域協力を進展させ，国際社会における地位向上をめざすようになった。英語は国際関係上，アセアン設立以前から最も広く使用されていた手段であった。このことはアセアン各国の国家発展とも相関関係にある。各国は英語を通じて，広く海外から科学・技術などの国家発展に必要なアイテムを国内に取り入れることができたのである。その意味でアセアン諸国の英語は，どの国でも少なくとも「第一外国語」以上の地位にあると認識されていた。たとえばシンガポールのように，国内で英語が「第一言語」および「第二言語」の地位にある場合もあり，民族と言語の関係など国内事情は国ごとに異なるが，「国家」を単位とした場合，英語は全加盟国にとって「第二言語（Common Second Language）」なのである。

　アセアン加盟各国にとって一番近い「外国」が互いの国々であり，関係者は口を揃えて，英語は国際言語であると主張する。アセアン諸国間では国際関係上，英語はその機能面だけを重視して使用されており，英米文化を学ぶための認識はきわめて希薄である。

(b) 内在的要因

　もうひとつの重要な点は，文書化するまでもなく，アセアンの公用語を英語に統一することができたことである。ここに，アセアンの内在的性質と深く関わる，独自の国際コミュニケーションに対する姿勢が見える。それを「アセアン性」[22]と称することとするが，それは「非言語性」のきわめて強いものである。

　筆者は，アセアン中央事務局担当者から，これを裏づけるような証言を得た。それは非公式の場でアジッド・シン前アセアン事務局長が述べた，示唆に富む見解である。彼は「アセアンは物事についての不文律の了解（"unwritten understanding"）を有し，しばしば記録されない合意に依存するように思われる」[23]と述べ，さらにこうした「不文律の了解」がアセアンを成功に導いた秘訣ではないかとの見解を示した。英語使用を規定する文書が一切残されていない事実も，この見解の延長線上で捉えることができる。不文律の了解こそ，アセアンの本質に触れる要因である。要するにアセアン性は域内におけるさまざまな相互作用の中で「暗黙のうちに」生まれたものといえる。その意味で，アセアンを理解するためには今後ともアセアン性に着目する必要があろう。

おわりに

　1967年の設立以来，アセアンは共通言語としての英語使用を軸に独自の国際コミュニケーションスタイルを作り上げてきた。それを構成する要素は，アセアンを取り巻く外在的な言語環境とそこに内在するアセアン性であると考えられる。国際コミュニケーションを行う上でごく当たり前に英語を使い，さらに公用語としての採用に関する記述や取り決めが一切存在しなくても，取り立てて問題が発生しないアセアンにおいて共有される認識，すなわち，アセアン独自の英語観があることがわかった。また，アセアンの英語観形成要因を外在的および内在的側面から検討した結果，アセアンの国際コミュニケーションが同地域に内在する諸要素と密接な関係にあることがわかった。

　アセアンの国際コミュニケーションは同地域に内在する文化の根底から滲み出てきたものである。そこに内在する要素，すなわち，アセアン性は，言語以外の要素を多分に含んでいながらも，同機構における言語活動に大きく作用している。地域協力機構での国際コミュニケーション，特にその機構の言語活動に関わる共通言語の使用を考えるとき，その地域に根差した水面下の内在要因

が国際コミュニケーションの形態そのものにいかに影響を及ぼしているかがわかる。

　今後，アセアンの内在要因すなわちアセアン性を国際コミュニケーションの観点からさらに掘り下げる必要がある。アセアンを見る上でも，地域協力を考える上でも，さらに国際コミュニケーションを研究していく上でも，アセアン性の究明は重要な課題のひとつである。

3　中東と英語
―― エドワード・W・サイードの
　　「オリエンタリズム」をめぐって　　池田明史

はじめに――サイードとオリエンタリズム批判

　2003年9月25日，一人の英文学者・思想家・文明批評家が世を去った。1935年パレスチナに生まれ，十代で渡米してプリンストン大学，ハーバード大学に学び，コロンビア大学教授として英文学・比較文学を講じていた彼の一生は，いわば異邦人として自分の出自を認識し，彼にとって本来は外国語である英語によって自分の思想を紡ぎ出すという，屈折と韜晦(とうかい)に満ちたものであった。彼は，生まれ持ったアメリカ市民権の恩恵によって典型的な西洋知識人の地位を確保し，ニューヨークでクラシック音楽を堪能しつつ，しかし彼の出自である「パレスチナ」「アラブ」「東洋（オリエント）」を振りかざして西洋の非西洋に対する構造的抑圧を声高に弾劾し続けた。彼の名を，エドワード・W・サイードという。特異に見える彼の思想と行動の中に，われわれは中東という地域一般が抱え込んでいる「支配者の言語」としての英語への心理的な鬱屈を垣間見ることができる。

　サイードの最大の功績とされるのは，1978年に出版された主著『オリエンタリズム』とこれをめぐる論争であった[1]。従来は絵画や文学といった芸術上の東洋趣味，もしくは学問上の東方研究・東洋学を単純に意味していただけの「オリエンタリズム」ということばは，サイードによって問い直され，再定義された。大仰にいえば，サイード以降，異文化理解を志すものにとってこの新たなオリエンタリズムにどのように相対(あいたい)するかは，彼らの研究者としてのあり方を測る踏み絵のような役割を果たすことになった。サイードは，広く「西洋（オクシデント）の東洋（オリエント）に対するものの見方・考え方」を問題とし，欧米世界に連綿として受け継がれてきたオリエントについての一貫した思考様式の構造と機能とを分析し，そのような「知」のあり方に厳しい批判を加えたからである。

(1) オリエンタリズムの論理構造

アイスキュロスからダンテ，フローベールら古今の作家・文筆家にとどまらず[2]，ルナンからマルクス，ギブからルイスといった思想家や歴史家[3]，あるいはナポレオンやキッシンジャーに至る世界的な軍人および政治家[4]，さらにはアラビアのロレンスなどの冒険家まで[5]，およそ手の届く限りの欧米知識人の著作や演説を渉猟し，そこに一貫した「傾き」と「偏り」とを「抽出」して見せたのがサイードのオリエンタリズムであった。ごく簡略にその論理を説明すると，おおむね次のような流れになる。

まずサイードは，オリエンタリズムの基底部分に存在するのは「東洋」と「西洋」とを存在論的・認識論的に切り離そうとする両断論であると主張する。「東は東，西は西，両者の永久に交わることあらじ……」というこうした本質論的弁別によって，西洋は東洋を自分たちにとってまったく異質な空間として認識する。そしてこのような異質で曖昧な空間を，一定のイメージや図式，語彙などによって「表象」し「馴化」しようとするのである。この表象（representation）というプロセスを経ることで，異質な空間はただ単に異質であるというだけに留まらなくなる。表象し馴化するということはすなわち，自分にとって異質なものを自分の理解の射程に捉えようとする精神的営為にほかならず，それはそのまま心象地理（imaginative geography）の形成を意味するからである。西洋と東洋という二項対立の図式の中で，異質な他者である東洋を自分たちに把握可能なものにしようとするとき，西洋は東洋に「自分たちにはない」また「自分たちではない」イメージやレッテルを割り振ることになる。相互に異質な二項対立の世界にあっては，「自分ではないもの」がすなわち相手であり，「相手にはないもの」が自分たちの特徴として認識されるからである。かくして，自分を確認する鏡像として，西洋は東洋を必要とする。その際，自分には肯定的，積極的な「かくあれかし」というイメージを，相手には否定的，消極的な「かくあるべからず」という内容を当てはめるのである。オクシデントは発展して止まず，能動的で，道徳的な世界であるのに対して，オリエントは停滞し，受動的で退廃的な世界として描かれるような心象地理がそこに構築されることとなる。つまり，異質な二つの世界がただ単に水平的に「異なっている」というだけではなく，そこに垂直的な価値序列が持ち込まれるのである。

問題をさらに複雑にするのは，オクシデントの絶対優位として把握される現在の二項対立が，オリエント自体の時系列的な優劣関係とからんでくるからである。そもそもオクシデントがオリエントに関心を持つのは，それが最も古くからの異質空間であり，最もなじみのある「敵」であったと同時に，オリエントが実は人類の文明の揺籃の地であったとの自覚に基づく。シュメール語やアッシリア語を研究し，エジプトの古代遺跡に見られる象形文字ヒエログリフを解読し，フェニキア文字からアルファベットの起源を探り，トロイアやヒッタイト遺跡の発掘に血眼になり，あるいは旧約聖書やギルガメシュ叙事詩から歴史的事実を拾い出そうとする際限のないオクシデントの熱狂は，要するに自分たちの文明の起源をさかのぼろうとする「ルーツ」探しの旅にほかならない。

　現在はまったく異質な空間と成り果てたオリエントが，しかしかつてはオクシデントを含む世界文明の揺籃(ゆりかご)であったという矛盾に満ちた認識がそこに形成される。太古のオリエント，西洋文明の源流としてのオリエントは燦然と光を放つ一方，現在のオリエントは頽廃し堕落した異質空間以外の何ものでもなくなってしまったという状況認識から，世界文明の正統な継受者であるオクシデントはその使命を自覚する。すなわち，もはや「自分自身の何たるか」を理解し規定しえなくなったオリエントに対し，オクシデントこそがオリエントを教え諭し，かつての栄光を取り戻すためにこれを導かなければならない，というわけである。概略このような道筋を辿ってオリエンタリズムは，思考の様式から支配の様式へと転化する。文字どおり「知」は「力」となるのである。

(2) オリエンタリズムと言語

　詰まるところサイードのいうオリエンタリズムとは，(1)世界を西洋と非西洋とに切断して考え，(2)そこに価値的な優劣判断を持ち込み，(3)非西洋の過去と現在とを対比して現在を否定し，(4)その結果として西洋の非西洋への干渉や関与を非西洋「救済」の一大プロジェクトとして正当化する，という構造と機能を持つものということになる。ところでその際，オリエントを表象する手段とは，具体的には言語である。言語によって，オリエントに関わる特定のイメージや図式，語彙，決まり文句，あるいはドグマ（教義・教条）などの総体が形成される。それらはオクシデント，すなわち西洋人がオリエントを眺める際の「認識のプリズム」そのものと化す。そうだとすれば，そのような言語を用いて思想を言い表すことは，そのままオリエンタリズムの思考様式に取り

込まれることを意味しないだろうか。

　ここまで，オリエンタリズムの議論を追ってきたのは，サイードにとって英語を用いるとはどういうことだったのか，ということを少し考えてみたかったからである。本来はアラビア語を母語とするパレスチナ人でありながら，幼少時から英委任統治領パレスチナで支配者の言語である英語に慣れ親しみ，やがてアメリカの最高学府で英語を母語とする学生たちに英語で英文学および英米文化を講義し，英語でその思想や主張を出版するということが，彼にとって何を意味し，何を「表象」するものだったのだろうか。支配する側の言語によって身を立て，名声を得ている自分と，それでも支配される側に身を置き，その主張をいい立てる自分との間の葛藤はあったのだろうか。一人の聴衆として彼の謦咳に接する機会がなかったわけではないが，これらの問いを直接彼にぶつけられるほどに打ち解けることはなく，今もその答えは宙に浮いたままである。

　思うに，サイードの火を噴くようなオリエンタリズム批判とは，支配者の言語によって支配の構造そのものを弾劾するという社会的な営為というよりは，そのことを通じて，支配される側に置き去りにしてきた自己のアイデンティティを回復しようとする，すぐれて実存的な営為，言い換えれば個人的な欲求を満たすための行為だったのではないだろうか。欧米に生きて，西洋文化を身につけ，欧米的知識人としての特権を享受しつつ，その西洋を支配する「知の権力」を解体しようとした彼は，しかし，現実のオリエント，とりわけ中東世界においては，一部の左派系知識層や民族主義的指導層によって反植民地主義のプロパガンダに利用されることはあっても，彼が身を置こうとしたアラブ大衆からは疎外されたままに終わった。これら一般民衆から見れば，サイードもまた，支配する側の高みから，オリエントを「教え諭す」傲慢な人間の同類に数えられたからである。

(3) 植民地支配と英語

　ここに掲げたサイードの事例は，中東における「欧化知識人」が多かれ少なかれ抱えてきた状況を物語っている。サイードは，その意味では「例外」ではなく「典型」であるといってよい。19世紀以降のいわゆる「西力東漸」の過程の中で，近東・中東は最初に西洋の圧力に直面し，ヨーロッパ列強によって直接間接に植民地支配を受けた地域であった。極東の，それも東端にある日本が，西力東漸の最後の波を被って明治国家を作り上げ，植民地支配を免れた経

緯とはまさしく対極の経験といえよう。そうした歴史的経験の差が，英語など西洋言語に対する人びとの感覚の違いを生んだと考えることができる。すなわち，西洋言語を使用することは，支配者との意思疎通の道具を持つことを意味したため，否定的もしくは消極的に捉えられる傾向が生まれたのである。

とりわけサイードが生まれたパレスチナなど，イギリス（大英帝国）によって押さえられた地域では，一般には「分割して統治する（divide and rule）」として知られるような，いわゆる「間接統治」の方式が採用された。イギリスの都合で持ち込まれた王家（Anglo-Monarch）の下に置かれたイラク，ヨルダン，やや経緯は異なるが同様の体制となったエジプトなどがその典型だが，イギリスが国際連盟の信託を受け，総督を送って直接統治した委任領パレスチナのような土地でも，自分たちに似せた，自分たちの真似をする，自分たちのことばを話す現地の有力者を取り込み，これを支配の代理人として一定の権力を委ねるという構図はそのまま適用された。そこでは，したがって，英語に堪能であればあるほど支配者とのつながりが強い階級とみなされることとなり，英語のスキルはそのまま階級や権力の表象となったのである。

オリエントに属さない西洋人が，オリエントのことばではない言語によって，どうしてオリエントについての規定や概念を作り出すことができるのかとサイードが問うとき，それは同時に，そのような問いを英語で発する自分は「どちら側」に属しているのかという自問を含んでおり，英語を話すということが自分にとって何を意味するのかという中東の知識人一般が共有するトラウマを内在させていることに気づく必要があろう。

アラブ人やパレスチナ人にとってさらに英語への屈託を意識せざるを得ないのは，いわゆるパレスチナ問題の存在である。植民地支配者イギリスによってユダヤ人の「民族的郷土」（National Home）がパレスチナに持ち込まれ[6]，第二次世界大戦後はそれが今度は同じ英語国であるアメリカに支えられてイスラエルという国家として独立し，そのイスラエルとの戦争の結果，アラブ側は完全に敗退して，パレスチナはイスラエルに占領されることとなった[7]。こうした歴史的な経緯を見れば，アラブ人やパレスチナ人の英語に対するスタンスにきわめて複雑で微妙な感情がからんでくるとしても不思議ではあるまい。

おわりに

いずれにせよサイードのオリエンタリズム批判は，支配の媒体としての西洋

言語に対して，支配された側が余儀なくされる鬱屈を逆説的に物語っている。同時にそれは，「他者理解」「異文化理解」とはそもそも何であるのか，ということについての根底的な問いを含んでもいる。中東に属さない人びとと，英語を母語とする人びとが中東になだれこみ，植民地支配を強行し，中東についての知識や情報を集めて，それで英語によって「現代中東の課題」とか「イスラームは復興するか」といった問題を延々と議論している状態とは，いったい何であるのか。要するにサイードが問題にしたのは，オリエントに属さない人間がどうしてオリエントを議論できるのか，ということにほかならなかった。そして彼は，英語によってそのような矛盾を指摘し，英語によってそのような偏向を指弾した。

　サイードの議論がどこまで妥当性を持つかということについては，ここでは取り扱わない。ただ，彼のそうした弾劾のあり方には，それ自体に問題が残るのは明らかといえる。つまり，そういうことをいい始めれば，学問や研究は成り立たなくなるからである。日本人であるからといって，日本のことを外国人以上によく理解していて，それを十分に説明できるとは限らない。アラビア語を母語とするアラブ人であっても，敬虔なムスリムであっても，それだけの理由でアラブ世界やイスラーム世界で起こっているさまざまな現象の意味を説明できるはずはない。

　では，英語を用いて行う西洋的な学問の様式で，中東はよりよく理解できるであろうか。この問いについての解答は，それぞれのサイード理解，オリエンタリズム理解に待つほかない。ここでは，中東世界には，英語やその他の西洋言語によって自分たちが「表象」され「説明」される以外に，自分たちが自分たちであることを必ずしも主体的に主張できない事態に，もどかしさや苛立ちを覚える人びとが多数存在するという事実，国際語としての英語の利便性を認識しつつも，彼らにとって英語はなお支配者の言語として西洋世界と自分たちとの優劣序列を想起させる道具であり，歴史的経験に起因する潜在心理的な屈託を払拭できないでいる事実を指摘するにとどめたい。

4 国連と英語
―― "国際政治を映す鏡"と"地球語"との相関関係

石川　卓

はじめに

　国際連合（United Nations: UN）の公用語は，東京にある国連広報センターという国連公式機関がホームページでも述べているように[1]，一般的に，英語，フランス語，ロシア語，中国語，スペイン語，アラビア語であるといわれている。しかし，国連広報局によると，「憲章が定める国連の公用語は，中国語，英語，フランス語，ロシア語，スペイン語である。総会，安全保障理事会，経済社会理事会ではアラビア語も公用語に加えられている」とされており[2]，少々趣きが異なっている。
　ここでは，まずそのどちらが正しいのかを検討し，それを手がかりとして国連における英語の地位や役割を検討し，教育開発の分野における国連諸機関の活動に注目しながら，国連における英語の重要性を明らかにするとともに，その重要性の高まりゆえに生じる国連の課題についても論じていくこととしたい。

(1) 英語は「国連の公用語」か？

　まず上の問いへの答えであるが，結論からいえば，国連広報センターよりも，国連広報局の方が「より正しい」ということになる。しかし，それも正確無比とはいえない。実際，『国際連合憲章』には，「公用語」（official language）ということばは一切登場しない。代わりに，第111条に，「この憲章は，中国語，フランス語，ロシア語，英語及びスペイン語の本文を等しく正文とし，アメリカ合衆国政府の記録に寄託しておく」との一文があるにすぎない。これは国連全体の「公用語」を規定したものではなく，この5ヵ国語ごとに書かれた憲章がすべて同等に原本となるといっているにすぎない。しかし，憲章中この5ヵ国語への言及は本条にしかなく，国連広報局は，本条をもって「憲章が定める」としているとしか考えられない。しかしながら，これは厳密には少々無理のあ

る拡大解釈であるといえよう。「総会，安全保障理事会，経済社会理事会ではアラビア語も公用語に加えられている」という後段部分に，公用語は憲章で規定されているのではなく，国連全体を構成する諸機関ごとに定められているということが示されているからである。

　国連は，総会（General Assembly），安全保障理事会（Security Council）・経済社会理事会（Economic and Social Council）・信託統治理事会（Trusteeship Council）の三大理事会，国際司法裁判所（International Court of Justice: ICJ），事務局（Secretariat）という6主要機関に加え，国連教育科学文化機関（United Nations Educational, Scientific and Cultural Organization: UNESCO）や国連児童基金（United Nations Children's Fund: UNICEF）などの関連諸機関で構成される世界最大の国際組織である。つまり国連は，単一の組織というよりも，多くの機関からなる一つの大きなシステムというべきものであり，「国連」ということばはいわば諸機関を包摂する「傘」のような概念なのである。

　その国連の傘下で，諸機関はかなり自律的に存在しており，そのほとんどが各々「憲法」にあたるものを持っている。たとえば，ユネスコには，「戦争は人の心の中で生まれるものであるから，人の心の中に平和のとりでを築かなければならない」（since wars begin in the minds of men, it is in the minds of men that the defences of peace must be constructed）という有名な一節を前文に含む『ユネスコ憲章』がある。そして多くの場合，公用語も各機関の「憲法」またはそれに基づく諸規則で定められているのである。

　たとえば，総会では『総会手続規則』に「公用語」が明記されている。国連設立当初はアラビア語を除く5ヵ国語であったが，1973年末にイスラム諸国を中心とする35ヵ国から出された『総会手続規則』修正決議案が採択され，アラビア語を含む6ヵ国語が総会および総会下の主要委員会の公用語となっている[3]。安全保障理事会（安保理）や経済社会理事会（経社理）でも，やはりその手続規則でアラビア語を含む6ヵ国語が公用語に規定されている[4]。しかし，機関ごとに規定のされ方は微妙に違っており，たとえば経社理では，公用語6ヵ国語のうちアラビア語・中国語・ロシア語が作業言語（working language）には含まれていない。また，アラビア語は総会・安保理・経社理で公用語とされているが，他の5ヵ国語とは異なり，総会の補助委員会では公用語とはされていないのである。さらに事務局での作業言語は，英語とフランス語に限定されている。

　以上のような例だけを見ても，英語は，フランス語と並び国連諸機関の中で

特権的地位を占めているといえる。おそらくほぼすべての国連機関で，英語は公用語および作業言語になっているのではないだろうか。厳密にいえば，英語が「国連の公用語」であるという規定は実はどこにも存在しない。しかし，おおむね以上のように，日常的に使用される作業言語でもあるという意味で，事実上「国連の公用語」になっているといえよう。

このように，国連において英語が重要な地位を占めるに至った理由は簡単で，国連の設立経緯にも明確に示されている。次節では，その経緯を概観していくこととしたい。

(2) 国連の創設経緯とアメリカ，イギリス

国連は，1945年4月末からサンフランシスコで開かれた「国際機関創設のための連合国会議」で調印された憲章が，同年10月24日に発効したことをもって発足した。つまり，国連は，「枢軸国」と戦っていた「連合国」(United Nations) 側の戦後国際秩序構想の一環として計画され，勝者による勝者のための組織として発足したものなのである。

それを象徴しているのが，"United Nations" という呼称がそのまま新たな国際機関の名称になったという事実や[5]，連合国の中核であった米英ソに与えられた安保理での拒否権であった。中仏にも拒否権が認められたのは政治的配慮の産物であり，国連の中でも唯一拘束力のある決定を下せる安保理において，一国の意向だけで決議成立を阻める特権である拒否権を当然に与えられたのは，米英ソ3ヵ国であったといえ，うち2ヵ国が英語国だったのである。当然ではあるが，かかる特権的な地位を得た米英が国連創設に果たした役割はきわめて大きく，しかも両国の関与の歴史は国連創設会議のはるか以前にまでさかのぼる。

国連の前身はいうまでもなく国際連盟であるが，周知のように，その設立を提唱したのはアメリカ大統領ウッドロー・ウィルソンである。一般的には，1918年1月の「14ヵ条」演説での提案が有名であるが，持続的平和を目的とした国際機関の設立構想はそれ以前にもすでに示されていた。しかも，ウィルソンがその構想を抱く契機になったのは，イギリスが平和を目的とした国際機関設立をアメリカに提案したことであった[6]。イギリスは戦後ヨーロッパの安全保障にアメリカを関与させようという思惑を持っていたのだが，ウィルソンはそれを戦争を繰り返すヨーロッパ式の国際政治のあり方を変革する方策にな

るものと考えた。その意味では同床異夢であったが[7]，ウィルソンは，その後イギリスの提案をヒントに国際連盟の設立に尽力し，英仏が主導したパリ講和会議でこれに成功したのである。

そして，アメリカは議会の反対で加盟できなかったものの，イギリスを一常任理事国として発足した連盟では，英語がフランス語と並び公用語となった。それまで外交・国際会議における公用語はほぼ一律的にフランス語であったが，パリ講和会議で米英の強い要請により英語が第二公用語となり，その慣行が連盟にも引き継がれたのである[8]。

英語が連盟で公用語となったのは，以上のように第一次大戦での勝利に米英両国が大きく貢献したことを背景としていたが，同時にそれはそれまでにイギリスが築き上げてきた国際的な地位を反映していた。デイヴィッド・クリスタルのいう「19世紀末にピークに達したイギリスの植民地支配力の増大」に多くを負っていたのである[9]。クリスタルは著書『地球語としての英語』の中で，イギリス植民地帝国の拡大が世界各地に英語を普及させてきた過程を詳述しているが[10]，連盟での公用語の地位も，今日の国連での英語の特権的な地位も，やはりこの点と密接に関連しているといえよう。

ただし，国際連盟発足時には，イギリスの力はすでに「ピーク」を過ぎており，アメリカ不在の連盟は結局大戦の再発を防げなかった。それでも，その連盟の失敗を反省しつつ，第二次大戦中から新たな国際機関の設立が構想されることになる。それが後に国連となるわけであるが，その設立に向けた動きとしては，まず1941年8月の「大西洋憲章」があげられる。これは，米英首脳間の取り決めで，「広範かつ恒久的な一般的安全保障の体制」の確立を謳っていた[11]。アメリカ参戦後の翌年1月には，米英中ソを含む26ヵ国が「連合国宣言」に署名した。これは，大西洋憲章の諸原則を尊重し，共に闘い抜くことを誓うものであったが，同時にアメリカの提案で初めて"United Nations"という呼称が使われたことでも知られている。

1943年，戦況が連合国側に有利になると，アメリカは，7月の米英首脳会談で提出した国際機関設立に関する素案にイギリスの同意を得た後，ソ連の了承も得るなど，国連設立の動きも加速していく。10月の米英ソ外相会談では，その案を基に，国際平和と安全を目的とする一般的な国際機関の設立を謳ったモスクワ宣言が出されている。翌1944年には新機関の憲章を起草する段階に入り，10月には，米英中ソ4大国の合意として憲章草案（ダンバートン・オークス提案）が発表された。この草案は，翌年2月のヤルタ会談で，米英ソによ

り若干修正されるなどした後，4月から始まったサンフランシスコ会議で検討されることとなるのである。

　以上のように，国連の創設過程では，国際連盟のときと同様に，その発案から憲章起草に至るまで，ほぼ一貫して米英両国がきわめて重要な役割を果たしていた。そして，それは19世紀のイギリスと同様，またはそれ以上の大国としてアメリカという存在が20世紀前半にかけて著しい台頭を見せたことを，その背景とするものであった。そうして創られた国連において，この2大国の母語である英語が特権的な地位を得るに至ったのは，いわば当然の成り行きだったのである[12]。

(3) 平和への間接的アプローチとしての教育開発と英語教育

(a) 国連の目的における「開発」の位置づけ

　以上のような経緯で創られた国連は，「国際平和及び安全」の維持を第一義的な目的とする集団安全保障機構である。しかし，創設後まもなく発生した冷戦により，国連は5大国を軸とする圧倒的な力で侵略を抑止・制裁するという集団安保機能を十分に発揮できなくなってしまう。代わりに，国連は，平和維持活動（Peace Keeping Operation: PKO）という憲章にない制度を作り出すことによって，たとえば紛争当事者同士の停戦合意・受入合意を確保した上で，停戦監視を目的とするPKOを国境地帯にただ置き続けるというように，かなり遠慮がちで地道な方法によって「国際平和及び安全」に辛うじて貢献していくほかなかったのである。

　しかし，第一義的な目的を十分に果たしてくることができなかったからこそ，国連は憲章にある他の目的達成に向け多様な活動を積極的に行ってきた。憲章第1条には，「国際平和及び安全」の維持に加え，「人民の同権及び自決の原則の尊重」や，経済的・社会的・文化的・人道的国際問題の解決および人権・基本的自由の尊重を目的とする国際協力の達成といった目的も記されている。そのために，多種多様な関連機関が置かれ，経社理も「国際平和及び安全」に直接関わる安保理と同格に位置づけられているのである。

　そして，そうした他の目的が「国際平和及び安全」と切り離されていないという点に国連の重要な特徴がある。経社理下に置かれた教育・科学・文化の問題を扱うユネスコが前述のような憲章を持っていることにも示されるように，社会・文化面での目的も「国際平和及び安全」という目的と密接に関連づけら

れているのである。ここに,「システム」としての国連の一体性,または国連諸機関の有機的なつながりを見いだせよう。そして,本来の集団安保機能を発揮する機会に恵まれなかった国連は,むしろ間接的に「国際平和及び安全」という目的を多方面から追求してきたのである[13]。特に国連諸機関が積極的に活動を展開してきたのが,広い意味での「開発」(development) という領域であった[14]。そもそも国連が,共に植民地再分割闘争的な性格を持つ二つの世界大戦を経て設立されたという事実を踏まえれば,国家間の格差という問題が設立当初から「国際平和及び安全」と不可分であると捉えられていたとしても,何ら不思議はなかったといえよう。

　ユネスコ憲章前文はまさにそのことを象徴的に示しているといえるが,ここではそのユネスコにも関わりの深い教育開発について簡単に見てみることとしたい。

(b) 国連システムと教育開発

　教育に関する開発協力は,国連設立当初から積極的に展開されていたわけではない。当初は経済基盤に関わる援助が中心で,貧困層が教育を受けられないという事実自体に対処する姿勢は弱かった。1960年代には生産性向上のために教育を重視する「人的資本論」に基づき,教育開発も多少重視されるようになったが,生産に直結する職業訓練などが中心であった。1970年代には「人間の基本的ニーズ」(Basic Human Needs: BHN) が,1980年代には世界銀行や国際通貨基金 (International Monetary Fund: IMF) による「構造調整」が,開発援助のキーワードとなった。1970年代には,教育もBHNに含まれるとして,一部の国連機関で教育開発の見直しも進んだが,成長鈍化・累積債務増大・貿易条件悪化など途上国問題が深刻化すると,教育部門の支出はその対策として行われた構造調整の犠牲となり,進みつつあった教育開発も後退を余儀なくされることとなった[15]。

　1980年代は,開発や南北問題の分野では広く「失われた10年」といわれるが,そうした閉塞状況の中から,次代を担う新しい開発理念が次々と出てくることにもなった。「内発的発展」(endogenous development),「代替的開発」(alternative development),「人間開発」(human development),「持続可能な開発」(sustainable development) などである。いずれも厳密には相異なるが,共通項も多い。ここでは,特に旧来の開発理念が究極的には「上からの近代化」の域を出るものではなかったということを踏まえると,新しい理念のいずれもが

「参加型開発」を強調しているという点が重要であろう[16]。

 そして，1990年代以降，こうした開発理念が主流となり，住民の積極的関与が強調され，また国家経済という抽象的存在やそれを牽引するエリート層ではなく，一般の人びとが開発の対象として重視されるようになってくると，教育面での開発協力の重要性が改めて認識されることとなった。「教育は経済・社会開発に資する人的資源を開発するがゆえに重要である」，または「開発の手段として重要であるというより，むしろ教育そのものが目的であり，個人の全人格的な開発なくしては開発が行われたことにはならない」といった考えが，より一般化したのである[17]。こうした傾向は，「国際的な教育開発重視の潮流の出発点」ともいわれる「万人のための教育世界会議」(World Conference on Education for All: WCEFA) が[18]，1990年，ユネスコ・ユニセフ・世界銀行・国連開発計画 (United Nations Development Programme: UNDP) という教育開発に関わる4大国連機関によって共催されたことにも表れている。

 こうして1990年代以降，教育は発展途上国の開発に関わる国連機関の活動全体の中で従前以上に重要な位置づけを与えられるようになり，1970年代末以降その「政治化」が問題となり，これを嫌ったアメリカの脱退もあって沈滞気味になっていたユネスコも，本来の管轄領域において活力を取り戻すこととなったのである。

(c) 求められる英語教育

 教育開発の領域では，学校など教育施設・設備およびカリキュラムなど教育内容の整備，教員などの人材育成といった活動が展開されるが，この領域での基本的な目標に識字率の向上や未就学児童の削減がある。依然として世界には8億人以上の非識字人口，1億人以上の未就学児童が存在し[19]，「万人のための教育」も，まさにそうした低識字率を助長する未就学児童の廃絶を基本的目標のひとつとしているのである。当然，ここでいう識字の対象となる言語は，現地住民の母語または被援助国政府の規定した公用語である。それが偶然英語でもない限りは，英語ではなく，まずはその母語の教育に力点が置かれる。

 教育開発の現場は千差万別で，親からも稼ぎ手として期待されている児童を学校に集めることが難しいといったケースもある一方で[20]，親子双方が母語以外に英語教育を求めるといったケースもある[21]。被援助国で英語教育が求められる理由は多様であるが，大局的には，船橋洋一が論じるように，グローバリゼーションの進む世界で経済的に成功するためには，「地球語」(global language）となりつつある英語を使えることが，ますます不可欠になっているということが大きいものと考えられる[22]。具体的には，英語を使えるようになって，いずれ先進国で成功したいという場合もあれば，観光客を相手に案内料を稼ぎたいという場合もあるだろう。被援助国政府が，多民族・多言語国家としての一体性を維持するために国内共通語たる英語を初等教育から義務づけていたり，あるいはグローバル経済に乗り遅れないために英語を第二公用語とする政策をとっていたりする場合もある[23]。

　いずれの場合も，冷戦期にはソ連と並ぶ超大国として，そして冷戦終結後はほぼ唯一の超大国として，ますます突出した力を持つに至っているアメリカの存在を重要な背景として，英語が世界大でその重要性を高めてきたということと関係している。さらにその背後には，前述のように，世界各地に英語を広めたイギリスが国力を低下させた際に，その後を継ぐ大国として現れたのが同じ英語国アメリカであったという事実がある。たとえば，ラオスのシェンクワンという僻地でも英語教育の需要は高く，観光案内や現地で活動する海外のNGO職員として高収入を得ることが主たる目的になっているという話があるが[24]，ラオスを訪れる観光客もNGO職員も英語国出身者とは限るまい。それでも英語ができれば通用するというのは，それだけグローバリゼーションの進む現代世界において，英語が「地球語」としてその効用を高めているからであるといえよう。

　そして，国連機関の関与する教育開発活動においても，英語教育の重要性は増している。途上国世界にも英語圏が広く存在する上，それ以外でも英語教育の需要が高い被援助国・地域があり，また英語公用語化が政策とされている場合もあるのだから，それも当然であろう。また前述したように，途上国政府に一方的に援助するのではなく，途上国の人びとの経済的自立を促し，彼ら自身に途上国開発の能動的主体になってもらうことを重視する開発理念が，国連機関でも主流となり，自立する力を育むという意味の「エンパワーメント（empowerment）」が強調され，教育がそのための重要な手段と捉えられるようにもなっている。そして，経済的なグローバリゼーションが進展する中で，英語は途上国の人びとの経済的自立とより密接に結びつくようになっている。このような状況も，国連機関による教育開発において英語教育の比重が増してきた背景にあるといえよう[25]。

　たとえば，レバノン，ヨルダンには多くのパレスチナ難民が暮らしており，国連パレスチナ難民救済事業機関（United Nations Relief and Works Agency for

Palestine Refugees in the Near East: UNRWA）が難民向けの学校を運営しているが，最近レバノン，ヨルダン両政府が小学校1年次からの英語教育を義務化したことを受け，UNRWAの運営する小学校でも同様の措置がとられることとなった。このように，UNRWAは受入国と同様の教育内容を提供することを原則としているが[26]，これは1948年の第一次中東戦争以来，4世代にわたりレバノンやヨルダンなどに住みつづけている多数のパレスチナ難民が，各々の受入国内でその国の人びとと対等に生活していけるようにするためであるといえよう[27]。

　また，国連機関による英語教育に，日本人が貢献している例もある。1991年8月にソ連からの独立を宣言したキルギスでは，英語を教える国連ボランティアとして二人の日本人が活躍している[28]。こうしたこと自体，グローバリゼーション，およびそれが進展する世界で英語の重要性が増大していることの反映であるといえるが，英語が今後より「地球語」としての効用を高めていくとすれば，国連機関に求められる英語教育の需要はいっそう大きくなり，日本人が英語教育に貢献する必要性や機会もさらに増えていくといえる。たしかに，いったん地球語が確立した後でそれを変えることは著しく難しいため，地球語なるものは一度しか登場しえない[29]，と断言することは難しい。しかし，現代世界における英語の支配的地位——同時に国際政治におけるアメリカの突出した地位，ならびに国家間の巨大な格差を1つの特徴とする国際システム——が容易に崩れ去るとは考えられない以上，そうした英語教育の需要はかなり長期にわたって維持されていくと見るべきであろう。

おわりに

　他方，以上見てきたように英語が「地球語」化するにつれ，逆にこれを批判，警戒する声も強くなってきた。グローバリゼーションは，要はアメリカの価値観や文化の強要にすぎず，他の価値観・文化を侵食・排除するといった類の批判がしばしば見られ，実際に反グローバリゼーション運動となって現出することも少なくないが，英語についても同様の批判が見られるのである。非英語国への英語の普及によって，その国の言語，特に少数言語（minority language）の存在が脅かされるだけでなく，その国の文化・価値観全体が蝕まれていき，英語国アメリカの影響を受けやすくなる。つまり，英語の拡大を通じてアメリカの支配力が世界各地でますます強化されていく，英語はアメリカの帝国主義的な勢力拡大の道具であるといった「言語帝国主義論」も展開されるようになっ

ているのである[30]。

　その重要な根拠は，言語というものが文化の重要な構成要素であり，「言語と国力との間には最密接な関連が存在する」[31] という点にある。軍事力や経済力などの「ハード・パワー」に代わって，文化や価値の魅力などを通じて自国が望むものを他国も望むようにする「ソフト・パワー」[32]，あるいは他国や国際・国内世論に訴え，これを説得することばの力，「言力」が[33]，国際政治において重要性を増しているといわれる今日，英語，そして英語を一つの象徴とするアメリカの文化・価値観が普遍化していくことの意味はたしかに大きい。世界に存在する約 6000 の言語のうち約半数はすでに母語話者が 1 万人を切っており，21 世紀中には 90 ％が消滅するともいわれており[34]，もしこれらの言語が英語にとって代わられていくとすれば，ソフト・パワーや言力をより拡大させたアメリカがその覇権的地位を強化し，ますます「帝国」的にふるまうようになるという可能性が，理論的には高くなることになる。実際，「国際会議において英語が共通語になると，どうしても英語圏の国々が会議の主導権をとることになる」ため平等な協議や交渉が不可能になる[35]，また「英語支配を維持しようとする政策は，多国籍企業，世界貿易機構（World Trade Organization: WTO），そしてますます少数の人びとに富を集中し，世界の人口の大多数に貧困を課そうとしている勢力による，グローバル化戦略の一環なのである」といった懸念も生じている[36]。

　こうした少々過激ともいえる「英語帝国主義」論者の主張に与しているわけでは必ずしもないが，国連は，すでに見たように一方で英語の拡大に寄与しつつ，他方では，彼らの指摘するような危険性にも対処している。たとえば，ユネスコは，少数民族の文化や「危機言語（endangered language）」，または「言語的少数派（linguistic minorities）」の保護・保全を一目的として，多文化・多言語政策を各国に奨励しており，総会や経理室などでも「多言語主義（multilingualism）」が強調されている[37]。つまり国連は，結果的には英語による「侵略」から少数言語を保護することになる活動も展開しているのである。

　国連は，国際政治を映す鏡であるといわれる[38]。「(1) 英語は「国連の公用語」か？」で論じた国連における英語の特権的地位も，「(2) 国連の創設経緯とアメリカ，イギリス」で見たような国際政治の現実，または国際システムにおける国力の分布状況を如実に反映するものである。他方で，ますます突出するアメリカの力という「国際政治の現実」に対し，先のイラク戦争への国際世論の反発や対米テロの増大といった政治的反発だけでなく，グローバリゼーションを

第1章　英語の今　41

アメリカの「文化帝国主義」や「言語帝国主義」と捉える文化・社会的な反発や批判が生じているということもまた，「国際政治の現実」である。そして，国連の活動もまた，その双方の現実を映し出すものとなっている。つまり，前節に見たように，一方では今日の世界における英語の重要性が，そして他方では，その英語の拡大が持ちうる危険性が，共に国連の活動に反映されているのである。

　そして，おそらくこのいわば両義的な状況は今後も続いていくものと考えられる。なぜなら，前述したように英語は今後もその重要性を高めていくことが予想され，そのこと自体が英語の拡大が持ちうる危険性への対処を国連にとってより喫緊の課題としていくことになるからである。まさに，統合をもたらすがゆえに反発を招くという，しばしば指摘されるグローバリゼーションという現象の不可避的な特性は[39]，その是非はともかく，国連における英語の地位についても当てはまるものといえよう。

第2章　ネイティブ・スピーカーの国々では

　「ネイティブ・スピーカーの英語」という言い方をする。しかし，彼らの英語は決して単一ではない。英語国であるはずのアメリカでは，人びとが声高に「この国の公用語は英語である」と叫ばざるを得ないほど，言語的，民族的多様性が顕著である。アメリカの隣国，カナダは，フランス語と英語の共存を果たしつつ，アメリカ英語でもイギリス英語でもない，カナダ独特の英語を維持している。そして，流刑植民地として始まったオーストラリアの英語は，現在では，本国イギリスから遠く離れたユニークな社会で活かされるオーストラリア語として，そこに暮らす人びとのアイデンティティの一部となっている。
　世界に普及した英語が，それぞれの土地とその文化の影響を受け，独自の発展を遂げつつあるのと同様に，ネイティブ・スピーカーの国々にも，独自の歴史的，政治的，文化的な環境に応じたそれぞれの英語，native speakers' Englishes が存在するのである。

1　アメリカと英語

本名信行

はじめに

　世界のほとんどの英語国で，英語が重要な社会問題となっている。その主なテーマは，英語の地位，英語の変種，英語の運用に関するものである。アメリカ人はそのすべてを，広範囲にわたり，多様なかたちで意識している。以下，これらの問題を簡単に展望する。

(1) アメリカ社会における英語の地位

　20世紀の後半より，アメリカでは言語論争が白熱している。議論は英語をアメリカの「国家語」あるいは「公用語」と宣言するかしないかを主題にして戦わされているが，問題の根本はもっと深い。アメリカは多民族・多文化・多言語社会であるが，その統合と運営をめぐる国民の意見は一致していない。
　従来，アメリカの社会統合原理は同化主義（メルティングポット）であったが，このところ多文化主義（サラダボウル）も勢いをつけてきている。この二つの考え方には大きな違いがあり，社会状況と民族関係の構造的変化により，ますます溝をつくっている。英語論争はこのような社会論争の一角なのである。
　論争に火を点けたのは日系のＳ・Ｉ・ハヤカワ上院議員（共和党）であった。彼は1981年，憲法を修正して英語をアメリカの公用語と宣言する法案を議会に提出した。これは以後，英語修正案と呼ばれるようになった。彼の議案は年度内に廃案となったものの，議会にはその後毎年のように同様の修正案が提出されている。
　また，これに対抗する活動も活発になっている。1988年には文化権利修正案というものが提案された。これは憲法を修正して，「国民は各自の歴史的，文化的，言語的背景を維持し，育成する権利があること」を規定しようとするもので，その主旨は「なにびとも文化と言語のゆえに，平等に法律の保護を受

ける権利を奪われてはならない」ということに尽きる。

　このようなことで合衆国憲法を修正しようとするのは，きわめて困難と思われる。上院と下院で3分の2の議員の支持を得なければならないことに加え，50州の4分の3にあたる38州の批准を必要とするからである。しかし，州のレベルで見ると，これらの考え方は，かなりはっきりとした運動に発展している。

　前者の英語修正案に代表される立場はイングリッシュ・オンリーと呼ばれ，英語を州の公用語と規定して，他の言語の公的使用を禁止することを目標とする。カリフォルニア州では1986年の住民投票により，州の憲法を修正してイングリッシュ・オンリーを宣言した。以降，このような州はもうすでに，27州もある。

　後者の英語修正案に代表される立場はイングリッシュ・プラスといわれ，州民の多様な言語と文化を保護し，振興することをめざしている。1989年，ニューメキシコ州は多言語能力が国益につながるという考えを表明している。この考えを支持するグループは確実に増えている。いずれにしても，この英語問題は，アメリカの社会運営の見通しと深く関連している。

　通常，多民族社会であるアメリカの統一モデルは「人種のるつぼ」という概念で説明される。これは多様な民族が互いに溶け合うことにより，優秀な人種と文化を創造することができるといった，多分に楽天的なイデオロギーである。この考えは依然として強力で，マスコミの社説に登場し続けている。

　ところが，このような理想は現実とはならなかった。実際に起きたのは，建国にあたって政治的，経済的権力を掌握したアングロ・サクソン民族が他の民族に対して文化的，言語的同化政策を講じるということであった。この政策のもとで，さまざまな背景を持った移民集団は民族の言語と文化を放棄して，英語とその文化を習得するように強要されたのであった。

　しかし，このような考え方が必ずしも社会の総意になったわけではない。文化同化主義を否定して，文化複合主義をめざす潮流も建国史の中に生き続けた。多様な言語と文化を許容し，その中で調和を達成することを目標とする動きである。最近のメタファーでいえば，サラダボウル社会ということになる。

　この考えを一言でまとめると，次のようになる。すべての民族は，伝統的な文化遺産を維持し，発展させる権利が与えられる。同時に円滑な民族関係を育成し，多様性の中に統一のある社会を建設する義務を負うことになる。当然のことながら，英語は共用語となる。ただし，英語の共用語化は多民族言語の放

棄にはつながらない。

　むしろ，英語と他民族言語の二つのことばを話す人びとが多く存在することは，アメリカの文化的源泉が豊富であることを意味し，国家的にも国際的にもきわめて有意義という主張になる。二言語使用と二文化参加は国家という組織を弱める要素ではなく，むしろ強化するものとして，積極的に評価されるのである。

　このように，多民族社会の多言語問題は社会統合モデルと密接な関係があることがわかる。英語第一主義の論説や法案は，伝統的であった同化モデルが衰退の兆候を示し，その代案として複合モデルが勢いをつけつつあることへの反動と見ることができる。社会統合モデルが，言語問題と深く関わっていることを示す重要なテーマである。

(2) 英語の変種——ブラック・イングリッシュをめぐって

　アメリカ英語にはたくさんの地域的，社会的，民族的変種が存在する。その中でも，ブラック・イングリッシュ（Black English）は，常にさまざまな話題を呼ぶ。ブラック・イングリッシュとは，アフリカ系アメリカ人の8，9割が話す英語の総称である。これ以外にもいくつかの呼び方を持っている。アフリカン・アメリカン・イングリッシュ（African American English, アフリカ系アメリカ人英語）は一般的な呼び方のひとつであり，また最近ではエボニックス（Ebonics）[1]などと呼ばれることもある。

　多くの人びとは，ブラック・イングリッシュは黒人が標準英語を学びそこなったものと見ている。黒人は不注意で怠け者なので，標準規則に違反した，間違いだらけの英語を使うというのである。しかし，言語学者はこれを全面的に否定して，ブラック・イングリッシュは標準英語と違ってはいるが，適切な規則体系を持った，まっとうな英語変種であると主張する。

　ブラック・イングリッシュの起源の研究が進んだ結果，二つの考え方が明らかにされている。第一は，それは南部英語と関連しており，黒人の何世代にもわたる隔離の歴史が特有のパターンを生み出したというものである。第二は，それは表層的には英語の構造を持っているが，中核の部分では西アフリカ諸語の合成的な影響を受けたものであるという説である。

　いずれにしても，ブラック・イングリッシュは現在，アフリカ系市民の社会的アイデンティティのシンボルであり，彼らのコミュニティでは欠くことので

きない表現媒体なのである。最近は，黒人歌手の rap music（hip hop）などにのって，ブラック・イングリッシュはいろいろなかたちで世界に広まっている。

　ここで，ブラック・イングリッシュの特徴のいくつかをあげておこう。発音上の特徴には，the, then, that の "th" の部分が変化して da, den, dat になり，同様に with, both, south の "th" の音が変化して wif, bof, souf となることがあげられる。また，語尾の -r が省略されるので，car は cah のようになる。子音連鎖の語尾はドロップするので，mind は min'，desk は des' と聞こえるのが普通である。

　さらに，二重母音は単母音となる。find と fond, proud と prod, oil と all がそれぞれ同じ音に聞こえるのはこのためである。island は「アーラン」のようになるが，これは先の子音連鎖の語尾のルールに適合し，語尾の「ド」が落ちたためである。もっとも，以上の傾向はブラック・イングリッシュに限られる特色ではなく，アメリカ英語の他の変種にも見られるのではあるが，特にブラック・イングリッシュにおいて顕著であると思われる。

　文法に関しては，be 動詞の使い方に大きな特徴がある。次のように，文の述部が動詞句，名詞句，前置詞句の場合は，be 動詞の使用は義務的ではない。

- They（are）walking to school.
（彼らは学校に歩いて行っている。）
- The lady in the red coat（is）the teacher for this class.
（赤いコートを着た女性はこのクラスの先生である。）
- All the newspapers（are）in the recycling bin.
（新聞紙はすべてリサイクル用のカゴの中にある。）

　また，ブラック・イングリッシュにおける be は「習慣」を表すという独特の語法がある。

- They usually be tired when they come home.
（帰宅するといつも疲れを感じる。）
- When we play basketball, she be on my team.
（バスケットのときは，彼女はいつもうちのチームに入る。）
- Sometimes, my ears be itching.
（耳がよくかゆくなる。）

　多くの実践から，黒人の子どもに標準英語を教えるのには，生徒の主要言語

であるエボニックスを基礎にすることが効果的であることがわかってきた。黒人の子どもには，Mark the toy that is behind the sofa.（ソファーの後ろにあるおもちゃに印をつけなさい。）よりも，Mark the toy that is in back of the couch.（カウチの裏にあるおもちゃに印をつけなさい。）の方がずっとわかりやすい。ブラック・イングリッシュでは，sofa のことを couch, behind のことを in back of と言うからである。

以前，エボニックス論争というものが話題になったことがあった。1997年，カリフォルニア州オークランド市の教育委員会は，同市立学校に通う黒人生徒の英語の成績を上げるために，「第二言語としての英語教育」という方法を採用し，そのための助成を連邦政府に申請した。黒人生徒はエボニックスを第一言語とし，英語は第二言語であると述べたため，これは大問題に発展した。

連邦議会の公聴会では，参考人が賛否両論に割れた。なかにはこのようなことをいう人もいた。

> A teacher would not teach mathematics by trying to show that he or she could make mistakes in addition or subtraction.... And the same is true with language.
> （教師は足し算や引き算でミスをしながら数学を教えることはしない。ことばについても同じことである。）

黒人英語は間違い英語という認識は，依然として広く浸透していることが明らかになった。

アメリカの白人は黒人に対して，さまざまな偏見を抱きがちである。そして，その価値判断がいろいろなメディアを通して，海外にも流れる。私たちはそれにとらわれることなく，彼らの英語の仕組みをもっと知る必要がある。ブラック・イングリッシュは英語の一変種として，英語世界に豊かな彩りを添えているのである。

(3) 英語のレトリック

(a) 婉曲語法

アメリカ社会では，婉曲語法（euphemism）が大きな問題となっている。多くの人びとは婉曲語法（言いにくいことを，遠まわしに表現する言い方）と聞くと，身体部位，排せつ，性などに関係した事例を想像するかもしれない。しかし，婉曲語法はいまや，政治，経済，軍事，権力，職業，地位，階層，人種な

どに言及する語法なのである。

　事実，政府や役所の関係者は婉曲語法を好む。unemployment（失業）は大衆の不安感を引き起こすので，underutilization（低雇用）と言い換える。市民の不快感を和らげ，失業の事実を黙認させようとするのである。同じく，reduction in force（労働力削減）という言い方もある。失業をより大きな，一般的な現象の枠組みの中で認識させ，焦点をそらすのである。

　さらに，reduction in force の頭文字をとって rif という新語を造り，He got riffed.（彼は失職した）とさえする。こうなると，意味の透明性はまったく失われる。頭文字語（acronym）は役人ことばの典型であり，特に役人の間で常用される。一般の人びとには意味が不明瞭なことばを造り出し，専門家集団としての自己意識を高めるのである。

　政治家も負けず劣らず，したたかである。ある大統領候補は絶対に増税をしないと公約し，"No tax raise. Read my lips." とまで公言した。当選後，彼はたしかに，tax raise はしなかったが，各種の revenue enhancer（歳入増加策）や revenue enhancement（同）を提案し，事実上，増税を実施したのである。彼もこの道の天才であった。

　要するに，婉曲表現は，コントロールする側が，する対象に対して使うことばなのである。アメリカ軍関係者は neutron bomb（中性子爆弾）を clean bomb（きれいな爆弾）と言い換えた。現在，これは定着したことばとなっている。このように言い換えられてしまうと，核への恐怖が薄らぐものである。

　このような言い換えは，日本でもよく行われている。政治，経済，思想，軍事などの分野で，アメリカ英語は日本語の語彙の一部になりつつある。実は，ここに重要な問題がある。日米関係が英語を通じて緊密になるにつれて，私たちは無意識のうちに，アメリカ人のレトリックを受け入れているのである。

　ところで，婉曲語法は the language of prudery（慎みのことば）という側面と，the language of evasion, hypocrisy, and deceit（問題回避，偽善，ごまかしのことば）という側面があることに注意する必要がある。後者は事実を歪曲し，虚偽を正当化する態度の反映であるともいえる。次に，この二面性について述べる。

　アメリカには人種，性，障害，貧困，身体特徴などに由来する差別をなくそうとする社会意識が深く根付いている。差別はことばに結晶する。そして，ことばは差別を助長する。そこで，差別的な表現を是正して，政治的に正しい（politically correct）ことばを使おうという考えが成立する。

　例えば，性差別を避けるために，両性に関わることがらについて，一方の性

を表すことばを使わないようにするという習慣が確立している。chairman に chairwoman が加わり、最後に両性を指示する chairperson ができた[2]。chairwoman というと実力が低いような印象を与えるからである。

さらに、act like a man（男らしくふるまう）といった言い方も好ましくないとされ、行動を明確に記述することが求められる。act bravely (courageously)（勇敢にふるまう）、act wisely（賢明にふるまう）、act straightforwardly（実直にふるまう）といった言い換えが求められている。

同様に、man's job（大人の仕事）は adult's job, man's work（男の仕事）は work で十分ということになる。また、salesmanship, sportsmanship, statesmanship などはそれぞれ、sales ability, fair play, government leadership のように言い換える。manhole ですら person's hole となり、現在では utility access hole などと呼ばれている。

さらに、Every American child knows that he may grow up to be President.（アメリカ人の子どもならば誰でも、大統領になることができると知っている。）という文において、every American child を he で受けるのは、大きな問題である。子どもがこのような文章を聞いて育つと、どうしても男性中心の見方を身につけてしまうであろう。両性を表現するためには、いろいろな創意が求められている。

たしかに、弱い立場の人びとの気持ちを傷つけまいとしたり、彼らの地位を向上させようとすることは、政治的に正しい考えであろう。しかし、それをことばのうえだけですませるのは、欺瞞以外の何ものでもない。これは二重表現 (doublespeak) と呼ばれ、現実の問題を直視せず、事実を歪曲し、虚偽を正当化する言い回しである。

また、そのような態度を誘発することにもなる。responsible for reorganization（組織再編成に貢献）と聞くと悪い気持ちがしないが、実はこれは fired（解雇）のことなのである。企業のトップは解雇 (dismissal) をそういわずに、新しいことばをいろいろと造り出す。

これらはまさにコントロールのことばである。そして、コントロールされる側もいつのまにかそのレトリックにはまり、そのような表現を使い始める。employee empowerment とは、文字どおりでは従業員強化の意味であるが、実際は人員削減のことなのである。

(b) 平易なことば

アメリカではこのような問題意識が高まるなかで，平易な英語運動（Plain English Movement）が盛んである。これは，一般の消費者のための種々の契約書が難解な法律ことばで書かれていることに対する不満から生じたものである。その後，消費者用製品マニュアルや物品情報，さらにはお役所ことば（officialese）にも影響が及んだ。

アメリカの法曹界はこの運動を全面的に支持して，法律ことば（legalese）の見直しを始めた。また，企業も消費者にわかりやすいマニュアルを考案している。議会は先駆的な法律を制定し，業界に対して消費者用に平易な英語の使用を義務づけた。このようにして，この運動は日常生活のさまざまなレベルに浸透しはじめた。

平易な英語とは，難解な語句，複雑な構文，そして婉曲な表現をなくし，一読しただけで誰もが理解できる英語のことである。もちろん，簡略なだけでは不十分であり，洗練された文章でなければならない。このためには，送り手側の努力と訓練が求められる。

重要な広報文書が難解なことばで書かれていると，市民はそれを容易に判読できず，その情報は伝達されないに等しいことになる。その結果，市民は大切な行事や運動に参加できなくなることさえもある。以前のことであるが，ある自動車メーカーは自社製品の重大な欠陥に気づき，ユーザーに次のようなリコール通知を送付した。

> A defect which involves the possible failure of a frame support plate may exist on your vehicle. This plate (front suspension pivot bar support plate) connects a portion of the front suspension to the vehicle frame, and its failure could affect vehicle directional control, particularly during heavy brake application....
> （あなたの車両には，フレームサポートプレートの故障の可能性を含む欠陥が存在しえます。本プレート（フロントサスペンション軸棒のサポートプレート）はフロントサスペンションの一部と車両のフレームを結合するものであり，その欠陥は，特に過重なブレーキ操作時に，車両の進行制御に悪影響を与えかねません……）

この通知はとても平易な英語で書かれているとはいえない。そのためか，リコールに応じた消費者は50％程度といわれた。他の半分のユーザーは，危険な欠陥自動車を乗り回していたことになる。行政や企業等の広報活動で最も重

要なことは，情報を公開するだけではなく，市民が情報を共有し，適切な行動をとるように企図することなのである。

ところが，この文書は日常表現からかけはなれた，抽象的でもってまわった言い方を多用しており，悪文の見本といえる。平易な英語の専門家は，これを次のように書き直している。その差は実に鮮明である。

> Your car may have a defective part. If this part fails, you will not be able to steer, especially if you brake hard....
> (あなたの車には欠陥部品が使われている可能性があります。もしこの部品が故障すると，特に強くブレーキをかけた時，ハンドルがきかなくなってしまいます……)

おわりに

アメリカ社会では，ことばは社会関係の構築で重要な役割を果たすことが強く意識されている。言語運用の問題には，上にあげたいくつかの例のほかにも，男女のコミュニケーション・スタイルなどがよく話題にのぼる。言語のいろいろな側面が社会の問題として取り上げられ，何らかの解決に向けた工夫が提案され，実行に移されていくのである。

2　カナダと英語

本名信行

はじめに

　カナダの最初の移住民はフランス人である。その後，パリ平和条約（1763年）でイギリス人が支配権を得て，1867年にケベック，オンタリオ，ノバスコシア，ニューブランズウィックによるカナダ連邦を形成した。以後，西部諸州が個別に連邦に参加し，1982年にイギリスから正式に独立した。
　カナダは英語とフランス語の両方を公用語としているが，英語人口の方がはるかに多い。1981年の国勢調査によれば，英語話者は67.0％，フランス語話者は16.6％，英語とフランス語のバイリンガルは15.3％，その他の言語の話し手は1.2％であった。最近は，英語とフランス語のバイリンガルが増えている。
　カナダで「カナダ英語」という言い方を耳にするようになったのは19世紀の中頃である。カナダ英語の中身となると，なかなか記述しにくいのではあるが，現実的にはイギリス英語とアメリカ英語の中間ということができる。ここでは，その話題をいくつか拾ってみたい。

(1) カナダ英語の特徴

　カナダは現在もイギリス連邦（Commonwealth）に所属しており，政治，通商，宗教，学問，芸術などの分野でイギリスの伝統をついでいる。同時に，カナダ人の大多数はアメリカとの国境から200～300キロ内の地域に居住しており，マスコミや情報の面でアメリカの影響を強く受けている。
　カナダ英語はこの二つの国の波をもろにかぶり，発音，つづり，句読点，語彙，そして文法などにおいて，イギリス英語とアメリカ英語の二つの規範が混在，共存している。カナダではアメリカのテレビやラジオが容易に受信できる。そのため，近隣のアメリカ英語の大波に飲み込まれ，カナダ人としてのアイデ

ンティティを失うことのないように，二つの規範を保持しているのかもしれない。

その一例は語法問題である。hostile（敵対的な）の発音はホスタイルなのかホスティルなのか。「誇り」という単語は honour とつづるのか，それとも honor とすべきなのか。protest something（何かに抗議する）のか，protest against something なのか。長椅子は chesterfield なのか sofa なのか。どちらも，前がイギリス式で後がアメリカ式である。興味深いことに，どちらか一方に統一しようとする動きはない。

カナダ英語の特徴のひとつは，アメリカとイギリスの両方の方式を許容するというところにある。カナダ英語では，一方で centre（センター），theatre（劇場），metre（メートル）とイギリス式に書き，他方で favor（好み），color（色），glamor（魅力）とアメリカ式に書く。同じ文の中に両方が登場することもある。画一的な正用法ではなく，多様な正用法を認めるのがカナダ式ということになるのであろう。

カナダ政府は開発援助の一環として，アジア・アフリカ諸国に多くの英語教員を派遣している。一般に，カナダ人の教員は海外で評判がよい。これは，発音がアメリカ英語とイギリス英語の中間で，「くせ」が少なく，「中立的な英語」だからともいわれる。ひとつの正用法を強要しない態度も効を奏しているといえる。

事実，カナダ人は文化的言語的多様性を尊重する。彼らはアメリカのような「人種のるつぼ」ではなく，「モザイク社会」の建設を理想としてきた。現在はこの概念を多文化主義（multiculturalism）と呼んでいる。政府は1997年に公刊した A National Understanding という文書の中で，次のように宣言している。

> It is precisely the rejection of uniformity, the refusal to accept a homogeneous view of themselves and their country, that constitutes the most authentic and widely shared experience of Canadians.... Our unity...arises from the determination to preserve the identity of each of us.
> （画一性を拒否すること，すなわちカナダ国民を均一，その国を同質とする見方を拒絶することがまさに，カナダ人が最も確実に，そして広く共有する経験なのである。……私たちの連帯は……私たち各自のアイデンティティを守ると決意することから生まれる。）

このことはカナダ英語にもいえる。ある社会言語学者は，カナダのトロント市とオンタリオ湖の対岸にあるアメリカのバッファロー市において，それぞれ数百人を対象に以下の (a) (b) のどちらを使うかの調査をした[1]。

1 (a) 'kilometre　　　(b) ki'lometre　　　（アクセントの位置）
2 (a) exclamation mark　(b) exclamation point　（「感嘆符」の言い方）
3 (a) sleep in　　　(b) oversleep　　　（「寝すごす」の言い方）
4 (a) porridge　　　(b) oatmeal　　　（「朝がゆ」の言い方）

結果は以下のとおりであった。バッファローでは全員一致で，すべてアメリカ英語の (b) を使うと回答した。しかし，トロントでは項目により，(a) (b) にかなりばらつきがあり，(1) 68%：32%，(2) 93%：7%，(3) 69%：31%，(4) 87%：13% であった。カナダ英語は画一，一様ではなく，イギリスとアメリカの特徴が共存していることがわかる。

表2-1

	トロント市	バッファロー市
(a) 'kilometre	68%	0%
(b) ki'lometre	32%	100%
(a) exclamation mark	93%	0%
(b) exclamation point	7%	100%
(a) sleep in	69%	0%
(b) oversleep	31%	100%
(a) porridge	87%	0%
(b) oatmeal	13%	100%

(2) カナダ英語のあれこれ

ところで，カナダ特有の英語の使い方をカナディアニズム（Canadianism）という。たいがいは，単語や表現の特色をさす。Mountie (Mounty) はこの一例であり，カナダ騎馬警官隊[2]（Royal Canadian Mounted Police）の隊員を意味する。もうひとつの例は pogey（福祉手当，失業保険）である。Montreal has more people on pogey than any other area. (モントリオールはどの地区よりも福祉手当を受ける人が多い。) というような使い方をする。pogey はもともと政府の失業

対策事務所，あるいは失業者に施す衣食住の意味であった。Unemployment Insurance（Commission）の頭文字語をとって，UI とか UIC ということもある。最近では，EI が正式の呼び名となっている。政府が失業保険を Employment Insurance（雇用保険）と言い換えたからである。

　カナダ風の意味もカナディアニズムといえる。カナダ英語では acclaim（win by acclamation）を「反対なしで選出する」の意味に用いる。一般的な「喝采して迎える」という意味とはかなり異なっている。この動詞を使って，カナダ人は次のように表現する。He was acclaimed when his only competitor dropped out of the race.（彼は対立候補が途中で身を引いたので不戦勝した。）あるいは，この名詞形 acclamation を用いて，She won her federal seat by acclamation.（彼女は連邦議員の選挙で対抗馬なしで選出された。）などという。

　カナダ英語では，フランス語を第一言語とする人を francophone（フランコフォン），英語を第一言語とする人を anglophone（アングロフォン），そしてどちらでもない人を allophone（アロフォン，ギリシア語で「異音」の意味）と呼ぶ。これはケベック州で使われるカナダフランス語に由来する言い方である。Anglo-や Franco-ということばは，通常，第一文字目を大文字で書くが，以上の三つはフランス語の影響を受けて小文字になっている。

　ケベック州は他と異なり，アングロフォンよりもフランコフォンが多数派を占め，英語よりもフランス語に力点が置かれている。州政府は 1977 年にフランス語を唯一の公用語と制定することさえもした。ここから francization（フランス語化）という言い方が生まれた。これは州内の英語系企業がフランス語を社内言語とする運動などをさす。

　ケベックの人は英語で Quebecer と呼ばれる。これを Quebecker と書くこともある。英語の中で，Québécois と Québécoise（女性）とフランス語が使われることもあるが，これは特にフランコフォンのことをさす。なお，e の上のアクセント記号は二つつけるか，まったくつけないかのどちらかである。Québecois は好まれない。

　ケベックではフランコフォンの人口が減少の傾向にあり，フランス語の維持が危ぶまれていた。そこで，州政府は法的介入により，フランス語の地位の向上を図り，その衰退に歯止めをかけようとしたのである。しかし，フランコフォンはフランス語の誇りを守ることにより，英語を軽視するどころか，これをよく使うようになったといわれている。

　ケベック州の英語話者はフランス語の影響をかなり受けている。同州で英語

とフランス語の接触が深まるなかで，英語の中にフランス語が取り込まれる。これは特に，州の行政や，地域内の日常生活などに関連した分野の語彙や表現の中に顕著に見られる。このことから，ケベック英語（Quebec English）という言い方が生まれた。

　ここで興味深いのは，英仏同形の単語で，意味に違いがあるものであろう。たとえば，conference である。これは英語では「会議」の意味だが，フランス語では「講義，講演」の意味になる。したがって，ケベック英語で I'm giving a conference at a congress. といえば，「大会で講演をする」ということになる。

　global もおもしろい。英語では global trade といわれるように，global は「世界的，国際的，多国籍的」の意味を持っているが，フランス語では「包括的，全体的，遠大な」を表す。ケベック英語で a global debate for all Quebecers といえば，「ケベックの全住民を巻き込んだ論議」と解釈される。

　一般英語で語法が限定されたことばも，ケベック英語では用法が拡大し，普通に使うこともある。一般に，verify は文書や事実を「確かめる」ことであるが，ケベック英語では，verify the brakes on the car（車のブレーキを確かめる）ともなる。同じように，ameliorate（改善する）は一般にはフォーマルな語であるが，ケベック英語では，一般的な英語の improve と同じ感じで使われる。professor（教授）は中高の先生にも使われる。また，security（保安）と safety（安全）が同義であるため，security at the rail crossing（踏み切りの安全）という表現をする。

おわりに

　以上に述べたように，カナダの英語はカナダ連邦独特のいくつかの特徴を発達させている。一番興味深いのは，イギリス英語とアメリカ英語の両方を柔軟に受け入れながら，独自の用法も多々創造していることであろう。このことがカナダ英語をいっそう，豊かにしていると思われる。事実，カナダ英語は，英語の中のさまざまな多様性をいかに維持するかについて考える，よい実験場なのである。

3 オーストラリアと英語

スイッペル・パトリシア
[竹下裕子訳]

はじめに

オーストラリアに行ってきた人にオーストラリア英語の印象を聞いてみると，独特な表現や発音を指摘するかもしれない。行ったことのない人でも，1986年の大ヒット映画『クロコダイル・ダンディ』の中で，オーストラリアの未開拓奥地の荒削りで色彩豊かで独特な英語を話していた，オーストラリア人俳優，ポール・ホーガンの名を口にするかもしれない。どちらも，オープンで親しみやすく楽天的な英語を話すオーストラリア人に対する一般的な印象である。

しかしそれだけでは，オーストラリア人とその言語が持つ多様さと複雑さを端的に表現することにはならない。2千万ほどの人口の85％が，ブリスベン，シドニー，メルボルンなどの大都市がある細長い東海岸の地域に集中するこの国では，イギリスとほぼ同じ文法，構文，つづりが使われているので，書きことばの上では，イギリス英語と酷似している。しかし口語は，イギリス英語とも，最も近い隣国のニュージーランドも含めたほかの英語国の英語とも，かなり異なっている。口語のオーストラリア英語は，独特な鮮やかな表現，短縮表現やスラングなど，何千もの言い回しを誇り，ほかの地域にもある単語であっても，発音やイントネーションが独特である。

国内の英語もまた一様ではない。社会的な階級や異なった人種・民族的な背景を持つ言語グループが存在するからである[1]。まず，オーストラリア人の15％前後は「ブロードオーストラリア語」と呼ばれるものを話す。これは，ポール・ホーガンが映画の中で強調して用いた言語スタイルであるが，外国人にはなかなか理解しにくい。次に，この対極では，通常，社会的に最も上流で教育レベルの高い人びとが，「教養あるオーストラリア英語」を話している。この種の英語には，イギリス英語と同じ語彙や音が含まれているが，オーストラリア人かイギリス人の耳には，それがオーストラリア英語であるとたちまちわかってしまう。そして，国民の約75％は，ブロードオーストラリア語と教

養あるオーストラリア英語の中間に位置する,「一般オーストラリア英語」と呼ばれるものを用いている。

　以上の三つの主なグループ以外にも, 民族的・人種的背景に基づいたさまざまなことばの分類が可能である。現在の人口の3分の1ほどは, 国外で生まれたか, その子孫であるため, オーストラリアは世界で最も文化的に多様な国のひとつとなっている。もちろん, 英語が公用語ではあるが, 新しい移住者の中には, 家庭で英語以外のことばを話していたり, 英語に母語の単語や音が混ざるような人びとも多い。そして最後に, 少数ではあるが重要なオーストラリアのマイノリティ（1％未満）であるアボリジニの口語英語にも, 彼らの母語の要素が入り込むことがある。

　オーストラリア人は, どのようにしてこのような特色ある言語パターンを持つようになったのであろうか。同じ地域や町に住む人びとの間の異なった発音をどのように説明すればよいのであろうか。オーストラリアの歴史, 特に200年以上前, 主にイギリスの白人による開拓の歴史にその答えがある。さらに, 多くの非英語国からの移民の到来や国内の中産階級の台頭など, より最近の社会的・政治的な変化にもその答えがある。変化の過程で, オーストラリア英語はオーストラリア人のアイデンティティの重要な目印となり, 増えつつあるWorld Englishes の多様性に寄与しているのである。

(1) オーストラリア英語の成り立ち
　　——移民のことばとしてのオーストラリア英語

　オーストラリア英語の特徴を理解するためには, 国の歴史を知る必要がある。英語国としてのオーストラリアの歴史は, 1788年, イギリス海軍のアーサー・フィリップ総督が, 1500人を引き連れ,「第一次船隊」として知られる11隻の船でシドニー湾に到着したときに始まった。1500人の約半数は囚人であった[2]。国内の刑務所不足に悩んでいたイギリス政府が囚人をオーストラリアに送ったのである。あとの半数は囚人の監視と, 新しい植民地の建設を目的とした役人であった。食料と水が不足し, 囚人の統制が困難で, 男性の結婚相手になる女性も足りなかった当初, 生活は苦しかった。しかし, シドニー開拓地はどうにか持ちこたえ, ブリスベンやメルボルンにも新しい開拓地が作られ, やがてイギリスの一般市民もオーストラリアに移住してくるようになった。19世紀半ばまでには, 囚人の輸送が中止されたが, カリフォルニアのゴールドラ

ッシュの1年後である1850年，オーストラリアでも金が発掘されたため，人口は増え続けた。1901年，6ヵ所の植民地が合併し，オーストラリア連邦が誕生し，今日に至っている。

　上のとおり，18世紀末にオーストラリアにやってきた白人は，訪問者や一時的な征服者ではなく，定住者であった。16世紀から19世紀までのヨーロッパの世界的な進出が作った社会を「定住者社会」と呼び[3]，英語社会では，カナダ，アメリカ，オーストラリア，ニュージーランド，そして南アフリカがこれに当たるが，これらのどの社会においても，ヨーロッパ人の進出は一方通行であった。移住者は，心機一転を図ろうという意識と，そのために英語の新しい使い方をしようという意識を持っていたため，彼らの英語を『定住者の英語』と呼ぶことができる。

　オーストラリアの環境は，英語に多大な影響を与えた。まず，自然条件がイギリスのものとは大変に異なっていたため，祖国のことばと概念が当てはまらないことがあった。たとえば，イギリスはよく雨が降ることで知られているが，オーストラリアは人類が住む大陸の中でも最も乾燥した場所である。そのため，オーストラリアの歴史家，J・M・アーサーの指摘のとおり，初期の定住者らは，the dry（乾季）や billabong（主流から分岐した川の一部）や，a good fall（規則的な雨）などの表現を，既存のことばの修正と新語の工夫により生み出した[4]。オーストラリアには，gum（ゴム），mulga（マルガまたはヤブアカシア），paddymelon（ヤブワラビー），koala（コアラ）など，イギリスにはなかった独特の動植物がある。アーサーのことばを借りれば，イギリスは「出発点とすべき国」なので，オーストラリアの自然界を描写するための新しい語彙が必要とされたのであった。

　定住者社会，オーストラリアの第二の特色は，母国との1万6000kmの距離であった。その間の長旅を意味する come out という新しい表現が作られたほどである[5]。事実，自由な身の行動である come out は，囚人の運命であった sent out と対比された。現在も，"When did you come out?" といえば，「あなたはいつ，（遠い，おそらくヨーロッパの）あなたの国からオーストラリアに着いたのですか」という意味である。国内においても，当時のイギリス出身の住人たちは，広大な土地の距離感を物語る新しい表現を作らなければならなかった。その結果，out station（遠い駅）や out paddock（遠くの牧草地），そしてオーストラリア英語で最も有名な例のひとつである outback（僻地）など，遠く離れた場所を示す out を含む表現が作られた。back country（遠い国）や the back of Bourke（バークのはるかかなた）などのフレーズにも見られるとおり，back ということばも遠くを表すのに用いられた。空の旅がまだ一般的ではなかった時代，ひとたびオーストラリアにやってきてしまうと (come out)，休暇で祖国に戻るというようなことはまれであったし，おそらくニュージーランドを除き，他の開拓社会との交流も容易ではなかったので，イギリス英語を維持する機会はあまりなく，世界の他の英語社会で形成されつつあった言語様式を採用する機会もほとんどなかった。したがって，オーストラリアの初期の定住者が変化させた英語は通常，そのまま定着することとなった。

オーストラリア英語の形成の第三の特色は，アボリジニの貢献である。1788年に最初の移住者がやってきたとき，推定25万人のアボリジニは，250もの異なる言語を話していた[6]。概して，イギリス人はアボリジニの土地の所有権，習慣や福祉に対する配慮を欠き，言語については単に無視した。しかし，アボリジニの単語（あるいはアボリジニの単語のイギリス版）には，Parramatta, Wallabadah, Quirindi, Murrurundi そして Boggabri など，地名としてオーストラリア英語の一部となったものがある。また，アボリジニの単語は鳥や動物，自然環境の特徴を表現するのにも採用された。前述の billabong や koala のほかに，dingo（野生の犬），kookaburra（鳥），そして最も有名なところでは kangaroo（カンガルー）[7] があげられる。

しかし，何よりもオーストラリア英語の特徴に影響を与えたのは，初期の移住者の社会構成であった。流刑植民地，オーストラリアに初めて英語を持ち込んだのは，囚人と看守であった。やがて，自由な移住者，特にイギリス人とアイルランド人がやってきて，新たな植民地の労働力となった。植民地のエリートたちは，イギリス社会の中流から上流の出身であった。このような，労働者階級とエリートという二つのグループから，少なくとも2種類の英語が出現した。囚人を含む労働者階級が話していた英語は，のちのブロードオーストラリア英語の原型となった[8]。対照的に，支配者層は，祖国イギリスの仲間たちの言語スタイルを維持しようと努めた。しかし必死の努力にもかかわらず，彼らの言語は変形していき，「教育を受けたオーストラリア語」(Educated Australian) が形成された。これは，今日，教養あるオーストラリア英語（Cultivated Australian）と呼ばれている。

(2) 労働者階級の人びとが「やってきた」
——ブロードオーストラリア語の原型

　初期のオーストラリア人はイギリスから遠く離れた地に独立国家を形成しただけでなく，独自の英語も作り出した。事実，植民地の建設後50年もたたない1830年代にはすでに，特異な英語が話されていた[9]。19世紀後半までには，植民地特有の話し方，つまり，労働者階級の定住者が使う，独特で不快な鼻にかかった発音がオーストラリアへの旅行者の間で話題となっていた。「この粗野で下品な方言は，無教養の象徴するものである」と書き残す役人や，この発音が「アメリカ人の話し方に次ぐ不快な話し方だ！」という者まで出る始末であった。

　初期の移民は，囚人であろうとなかろうと，十中八九，貧しく教育のない，がさつな人びとであったことを忘れてはならない。さらに，彼らは出身地のロンドンやリバプール，マンチェスター，ランカスター，そしてアイルランドのダブリンなどの地方都市から，がさつなことばを持ち込んだ。中でも最も優勢であったのは東ロンドンの労働者階級のことば，コックニー[10]であった。徐々に，このコックニーは新しい表現を取り入れ，古い表現を忘れ，一部の発音を変え，新しい労働者階級のことばへと変化していった。

　オーストラリアで発展した労働者階級のことば，ブロードオーストラリア語には，他の国では通常使われない単語が多く含まれている。オーストラリアの物理的な特徴により，造語や古い単語の新しい使い方が必要であったことはすでに述べたが，都市部出身のコックニーを話す人びとは，田舎のことばとの接触が少なかったため，都市部以外の生活を表現するための新しい言い回しを，実に発想豊かに作り出した。英語の field はオーストラリア英語では paddock になり，village は town に，stream は creek に，forest は bush になった。また，男性が圧倒的に多い囚人と労働者階級の生活から生まれた新語もあった。囚人用の数多くの単語に加え，仕事をしたがらない人を意味する bludger，友達の意味で使う mate や cobber，真実であるという意味の dinkum などである。中には眉をひそめたくなるようなものもあった。実際，新しい定住者のことばは彼らの性格と同様に荒々しく，そのひどいことば使い，囚人のスラング（flash language）やののしりのことばは批判の的となった。新しい単語の中には，「偉大なるオーストラリアの形容詞」といわれるほど頻繁に使われるののしりのこ

とば，bloody のように今でも残っているものもある。wife の代わりに，トラブルを意味する strife を使うというような，スラングを含み韻を踏んだことば遊びもあった。Stone the crows！（カラスに石を投げよ！＝びっくりした！）や，Slow as a wet weekend.（雨の週末のようにゆっくりである）のような生き生きとした表現もある。さらに，母音と二重母音の音にも，ブロードオーストラリア語の特徴がある。I like は oi loike になり，day は die と聞こえる。How much is it？の代わりの Emma chizzit？のような，単語が混ざってしまう場合もあった。Why didn't you？は Wadincha？，Good day が G'day となる。どれも，独特なイントネーションと悪名高い鼻にかかった発音が使われる。

　子どもたちの発音を矯正し，極端な表現を排除しようという教育者の努力も，限られた効果しかもたらさなかった。学説によると，今日，オーストラリア人の3分の1が少なくとも多かれ少なかれブロードオーストラリア語を話している。それは，女性よりも男性に多く，教育水準が低い人に多く，田舎に住む人に多いという傾向がある。ロンドンの貧困者のことばとして始まった言語は，オーストラリアの僻地で生き続けているのである。

　さらに，ブロードオーストラリア語は，今日までオーストラリア文化の発展に寄与してきた。その音と言い回しは，オーストラリア人すべての話し方に影響を与え，以下に示すとおり，一般オーストラリア英語の主要な部分になっている。そしてまた，ブロードオーストラリア語は，映画や他のメディアで誇張して使われ，オーストラリアの独特な文化に対する関心を引く役目も果たしている。1986年，オーストラリア観光協会は国の宣伝に『クロコダイル・ダンディ』のホーガンを起用した。ホーガンによる最も有名なオーストラリアの宣伝は，テレビコマーシャルで「バービーにもうひとつエビを乗せにいらっしゃい」(Put another shrimp on the barbie.) といいながら，アメリカ人をオーストラリアに誘うというものである。社会言語学的にいえば，この文は正しくはない。barbie は，バーベキューを表すオーストラリアの俗語であるが，shrimp はアメリカ英語であり，オーストラリア人ならばまず，prawn という。今日でも，アメリカ人の中には，オーストラリアへの親しみをこめて，ホーガンの表現を用いる人がいる。オーストラリア人の大半はそのような言い方はしないにしても，ホーガンのブロードオーストラリア語は多大な宣伝効果をもたらしたのである。

(3) 母語の保護——教養あるオーストラリア語の起源

　囚人や労働者とその子孫が使うブロードオーストラリア語とは対照的に，行政，教育，医学，法律にたずさわる比較的小さなグループから，教養あるオーストラリア語が発展した。イギリスからの長旅を経て移り住んだ人びとが出会ったものは，厳しい気候と乏しい物的満足感，そして無教養で行儀の悪い移住者であった。この悪条件の中で孤立した少数派は，オーストラリアの下品な住人と自分たちを文化的に区別するものを懸命に維持しようとした。イギリス式の社会的な会合に出席し，イギリス式のマナーを守り，教養あるイギリス人のことばを使い，何よりも，イギリスの上流階級の発音に従ったのである[11]。

　イギリス生まれの世代の上流階級がオーストラリアで祖国の話し方を維持するのは，さほど困難ではなかった。同じ階級の人としかつきあわず，イギリスで出版された本を読み，新しいオーストラリアの単語や表現を耳にしても使わないように気をつければよかった。しかし，オーストラリア生まれの彼らの子孫には，自然にイギリスのことばを話すことなどできるわけがなかった。大牧場に住む裕福な家庭の子どもたちは，使用人やその土地の子どものブロードオーストラリア語を自然に覚えてしまう。解決策は教育であった。田舎の裕福な家庭の子どもは，遅くとも11歳か12歳までにエリート寄宿舎学校に入り，自宅通学の都会の子どもたちと共に，イギリスの祖先の英語の読み書きと話し方を学んだ。彼らはイギリスで教育を修了することもあれば，そうでなくてもまず間違いなく，若いうちにイギリスに一定期間滞在したのである。

　このようなやり方が20世紀まで続いていたことを，オーストラリアの南東の羊農場で育ったジル・カー・コンウェイの自伝が伝えている。1945年に父が亡くなると，一家はシドニーに移り，11歳のジルは無料の公立学校に行くことになった。しかし，初日にして，彼女はそうすべきではなかったことに気づいた。「先生たちや生徒たちのほとんどの（英語の）アクセントは，私たちがたたきこまれた厳格な基準から判断すると間違っていた……周囲の誰もが訛りのあるオーストラリア語，私の両親のしつけによって容赦なく消し去られた話し方をしていた。」[12] そこで，多大な経済的犠牲を払って，ジルの母親は娘を名門女子校に転校させた。ここでは，女校長は「イギリスで教育を受けた者の上品な」話し方をし，カリキュラムはイギリスにならっていた[13]。コンウェイによると，「私たちは文法を習い，きちんと構文解析もし，スペリングと句

読点のドリルもやり，英詩を読み……フィクションや長編小説，短編小説を読み，文体を分析した。」[14] 女子生徒たちが正しくイギリス式に話せることが重要視されていたため，特に話し方に注意が払われた。ここでは，cow における aouw のような，いかなるブロードオーストラリア語の痕跡も残さず消し去り，イギリス上流階級の話し方を身に着ける努力が行われていたのである。

　1950 年代から 60 年代には，オーストラリア政府と社会的・教育的エリートたちの強力なイギリス志向により，教員の努力が強化された。これが，1901 年以降半世紀以上にわたり，英語を話さない移民のオーストラリアへの入国を制限したいわゆる「白豪主義」[15] の時代と一致したことは偶然ではない。1947 年，ジル・コンウェイがシドニーの学校に通っていた頃，オーストラリア人の 99％が白人で，90％がイギリスの出身であった。オーストラリア人は，ある専門家のことばを借りれば，「世界の世捨て人」[16] であり，自信を持てず，文化的にも政治的，経済的にもイギリスに依存していた。オーストラリア放送協会（ABC）が 1932 年に設立されたのちの数十年間，ABC はイギリス英語または教養あるオーストラリア英語を話す人しかアナウンサーに使わなかったのである[17]。

　何世代もの間，好ましいイギリス式言語の発展を導こうと努力した結果，教養あるオーストラリア英語が出現した。教育のある人の言語として教えられたこの英語を使って，その話者は社会的優位を表現した。中には，意識的にも無意識的にも，教養あるオーストラリア語をまねて自分の発音を変え，さらに「上の」社会的グループに受け入れられるようとする人びともいた。教養あるオーストラリア語は，my や cow や day[18] といった単語の母音と二重母音の発音において，特にブロードオーストラリア英語とすぐさま区別することができるという点で，今も昔も変わっていない。この種のことばを話す人は，明瞭な発音を心がけた。たとえば，thsaftanoon ではなく，もちろん thesarvo でもなく，this afternoon と発音し，ブロードオーストラリア語特有の色鮮やかなフレーズやスラングを避けた。しかし，もちろん彼らもまた，イギリス英語ではなく，オーストラリア英語を話していたことに変わりはない。彼らの二重母音はイギリスのものよりも長く，時にはブロードオーストラリア語の上昇イントネーションが混ざることもあった。そして paddock, outback, creek, billabong といったオーストラリアが生んだ単語は，教養あるオーストラリア人の会話にもなじんでいたのである。

　教養あるオーストラリア英語は，ごく少数の人にしか話されていなかった。

今日,これを話す人々には,イギリスの容認発音[11]の名残は当時の世代ほど見られず,ブロードオーストラリア語の音の方が多い。しかし,オーストラリアをイギリスの文化的ルーツにしっかりとつなぎとめておこうとするエリートたちによる努力は,オーストラリア英語に影響を与え続けてきた。この努力により,極端なブロードオーストラリア語の多くが消滅し,現在,一般オーストラリア英語と呼ばれている穏やかなかたちの英語が主流となり,ブロードオーストラリア語と教養あるオーストラリア語の橋渡しをしている。一般オーストラリア英語こそ,今日のオーストラリアで最も耳にするスタイルの英語である[19]。

(4) 一般オーストラリア語の台頭

オーストラリアにおいては,何世代もの間,言語はコミュニケーションの道具以上の働きをした。それは人びとが自分の社会環境との関連の中で,自己のアイデンティティを創造し,表現するための豊かな文化的手段であった。人が使う言語は,その人を体現する。聞き手は,相手が使った単語やその発音の仕方でその人を判断する。ブロードオーストラリア語の話者は,かつてのイギリス英語を非常に異なった環境に適応させたいという,力強く乱暴ともいえる意欲を表明した。教養あるオーストラリア語は,それを食い止め,オーストラリアとイギリスの文化をつなぎとめようとする意図的な努力を反映している。

しかし,1960年代と1970年代に,一連の重要な政治的・社会的政策[20]によって文化的環境が変貌した。まず,1960年代までに,白豪主義はより開放的な政策に変わり,アジア人を含むさまざまな国籍の人の永住が可能になった。1971年には,アボリジニが初めて国勢調査の対象に含められた。1970年代より,アボリジニは先祖の土地の所有権や子どもに教える言語の選択権を含む市民権を積極的に求めはじめた。同じ頃,大学の授業料の改革が行われ,貧しい家庭の学業優秀な生徒が高等教育を受けられるようになった。このような改革により,オーストラリアは,階級で分断された保守的なイギリス志向の社会から,より開かれた社会へと変わっていった。その結果,社会の頂点と底辺のギャップが縮小し,さまざまな文化的背景を持った人びとが中流階級を拡大し,全国規模で巨大な消費社会が生まれた。同時に,イギリス連邦の一員としてではなく,多文化国家としての新しい誇りと自信が備わったのであった。

これとともに,オーストラリアの言語事情も一変した。最も印象的であるの

は，オーストラリアが多言語社会になったことであり，ますます多くの人が第二，第三の言語として英語を学び，使うようになった。1976年の国勢調査では，5歳以上の人口の12％が英語以外の言語を話していた[21]。また，オーストラリアは都会的な中流階級の社会となり，人びとの言語スタイルがテレビや他のメディアなどから多様な影響を受けて変化していった。田舎の文化の影響が弱まるにつれて，極端なブロードオーストラリア語を話す人の数が急速に減っていった。同時に，イギリス志向の勢力も弱まったので，極端な教養あるオーストラリア語を話す人も減少した。その代わり，オーストラリア人の半分以上が「中庸な」スタイル，つまり前述の一般オーストラリア英語を話すようになった。さらに，オーストラリアが多文化国家としての自信をつけたため，一般オーストラリア語そのものが，国内に存在する多様な言語の言い回しを取り入れていった。最後に，もはや「世捨て人」ではなくなったオーストラリアは，アメリカの影響を急速に受けるようになり，アメリカ英語の影響を避けられなくなったのである。

　移民人口の増加とともに，政府の言語政策の主な焦点は，平易で用途の広いオーストラリア英語による教育へと移っていった[22]。オーストラリア人の発音とイギリス人の発音の距離は問題視されなくなり，「よい発音」という考え方は，平易な英語によるコミュニケーション能力ほど重要さを持たなくなった[23]。この傾向を助長したのは，オーストラリア英語をイギリス英語に劣る言語としてではなく，立派な言語変種として受け入れようとする考えが大きくなってきたことである。一般オーストラリア語の台頭とその容認に至る画期的なできごとは，1981年の『マッコーリー辞典』の出版であった。そのまえがきには，一般オーストラリア英語の主な特徴が書かれているが，それは今日話されているそれの特徴を見事にいいあてている[24]。

　一般オーストラリア英語の最も顕著な特徴は，その発音，特に cow, my, me, day といった単語の母音と二重母音の発音である。一般オーストラリア英語のこれらの音は，ブロードオーストラリア英語ほど極端ではないにしても，ほとんどのオーストラリア人の発話に認められ，イギリス，アメリカ，カナダ，そしてニュージーランドの英語の話者の発音と区別されるものである。二つ目の発音の特徴は，文末を下げる代わりに少し上げる傾向である。これは，言語学者には「オーストラリアの疑問形」として知られているもので，少女から若い女性に特に共通するものである。

　発音に加え，一般オーストラリア英語の語彙にも特色がある。数千ものオー

ストラリア英語特有の語句があると推定されるが，これらは，ここで作られ，ここ以外では知られていない意味を持ち，ここだけで使われている単語と表現である。多くは口語で，有名な "G'day mate." や "No worries." のように，ブロードオーストラリア語に由来している。一部は滑稽で下品かつ粗野なものであるが，囚人の時代から受け継がれてきた伝統，つまり，日々の生活が特に辛かった貧しい人びとを元気づけるためのことば遊びや冗談であるといわれている。その他にも，boomerang や dingo や billabong など，アボリジニの言語に由来する単語がある。kangaroo や wombat のようないくつかのアボリジニの単語は，オーストラリア英語以外の英語の単語にもなっている。また，オーストラリア英語のことばの使い方のもうひとつの特徴で，口語によく見られるものに，単語の省略がある。afternoon（午後）の意味の arvo, garbage collector（ゴミ収集人）の意味の garbo, vegetables（野菜）の意味の veggies, mosquito（蚊）の意味の mozzie などがその例としてあげられる。オーストラリアは Oz と短縮され，そこの人びとは Aussies（Ozzies と発音する）である。そしてオーストラリア人が話すことばは，親しみをこめて Aussie English と呼ばれている。

(5) オーストラリアの Englishes

　オーストラリアの英語が World Englishes のひとつとして認められるようになったのは，近年のことである。イギリスからやってきた，あるいは送られてきた定住者が，イギリスの英語を新地の新しく非常に異なる状況に適応しはじめてから，まだ200年を経ない。言語学者 A・G・ミッチェルがブロードオーストラリア語と教育を受けたオーストラリア語を二つの主要なオーストラリア英語のタイプであると認識してからまだ60年も経たないのである。ほんの40年前の1965年，ミッチェルは自分の分析を修正し，第三のタイプである一般オーストラリア英語を追加した[25]。オーストラリア人が自らの言語はイギリス英語の劣等異形ではなく，オーストラリア英語[26]というひとつの言語であると評価するようになったのも，この頃であった。教員たちは政府の支援を受けて一般オーストラリア語を多くの移民に教え，専門家らは重要な学問的テーマとしてオーストラリア人の話し方を研究し，そして多くの人が，言語はオーストラリア人のアイデンティティの中心で重要な位置を占めていると認めた。
　絶賛されているオーストラリアの小説家，デイビッド・マルーフは，あるラジオ放送で，共通の言語を作る過程こそ，オーストラリア人のアイデンティテ

ィを定義するカギとなる要素であるという重要な指摘をしている[27]。つまり，重要なのは，オーストラリア人がひとつの言語を共有しているという現実ではなく，彼らが時間をかけてこれを作ってきたという事実なのである。イギリス植民地時代から，オーストラリア英語は少なくともオーストラリアにおける生活に関する二つの競合する考えから発展してきた。囚人と労働者階級の人びとは典型的な battlers（辛い環境で生きるために懸命に努力する人びとを言い表すためにオーストラリアで使われることば）であった。彼らの生活は困難であったので，新しい方法でそれを言い表す必要があった。しかし，植民地主義の頂点にあった彼らの支配者にとって，オーストラリアはイギリス連邦の前哨地，「海を越えたイギリス」であり，適切なイギリスの英語によるコミュニケーションがあるべきであった。彼らは極端なブロードオーストラリア語を制限し，自分たちの言語，すなわち教養あるオーストラリア語でオーストラリア植民地の本質的なイギリス的性質を表現しようと勇敢に闘った。

　勝負はつかなかった。その代わり，オーストラリアは変わった。1960年代から，都市部の中産階級の台頭と多くのイギリス人以外の移民の到着が，ブロードオーストラリア語と教養あるオーストラリア語の鋭い刃を鈍らせ，新しい意識と誇りを持ったオーストラリア人の言語として一般オーストラリア語の出現を促したのである。オーストラリア人は国の文化の本質的な団結と多様性を反映し，世界中で認められる英語にまたひとつ，立派な変種を加えることになった国語を用いて，その満足感を表現するようになった。オーストラリア英語は現在，その色彩と活力と独自性により広く知られている。オーストラリアに好感を持つ人びとに受け入れられ，愛される言語となっているのである。

おわりに

『マッコーリー辞典』の編纂者であるスーザン・バトラーは次のように書いている[28]。

> AusE（Australian English）はオーストラリア人である私たちの心にとって大切なものである——私たちは，私たちが話すことばの音や，私たちが使う特別な単語や，共有する経験の感覚や，そこからにじみ出る共通の歴史から互いを知ることができる。そして AusE は私たちの文化の象徴のひとつとなるのである。

しかし，オーストラリア人が「オーストラリア英語」を，共有する経験のシ

ンボルということができる反面，オーストラリア英語そのものは，もちろん，ひとつの統一された言語ではない。かつての社会的階級差はなりを潜めているが，ブロードオーストラリア語と教養あるオーストラリア語は健在である。さらに，オーストラリア人自身が認める多文化・多言語から，新しい言語変種も出現している。多くの言語学者がアボリジニの英語を新しい価値のあるオーストラリア英語のカテゴリーとして認めるようになっている[29]。加えて，ギリシア系，イタリア系，東ヨーロッパ系そしてアジア系のオーストラリア人もオーストラリア英語に顕著な影響を与えている。これらの傾向を考慮して，「民族的ブロードオーストラリア語」を口語オーストラリア語の一種であると言う言語学者もいる。テレビ，インターネット，旅行，映画を通じて，オーストラリア英語のあらゆる変種が他の World Englishes，特にアメリカ英語の影響を受けつつある[30]。「オーストラリア英語」という，国単位の名称に疑問を唱える専門家がいるのももっともである。そのような専門家は，少なくとも，「オーストラリア英語」という表現は，あらゆる種類の Australian Englishes の上にかざされた傘のようなものであると力説する。もちろん，Australian Englishes は特徴を共有しているが，区別することも可能で，相互に影響しあい，相手を変化させうるものでもある。そういう意味で，オーストラリアの英語の話は留まるところを知らないのである。

第3章 現代英語への道

　現代英語は，地理的に著しい広がりを見せ，さまざまな変種を生み出しているにもかかわらず，まったく異なった，互いに理解しあうことのない小さな言語へと分裂することなく，共通項の部分でコミュニケーション手段の役割を果たし続けている。その理由のひとつは，英語が長年，書きことばとして記され，読み継がれてきたことであろう。その意味で，英文学と英語で書かれた聖書の役割は非常に大きい。また，現代英語の単語の中には，ラテン語とギリシア語にその語源を求めることができるものも多く，熟語や言い回しにもその影響が残っているため，ラテン語とギリシア語の知識があれば，現代英語を深く理解する助けにもなる。

　このような視点から，英文学や聖書に表れる英語の歴史を追うことにより，書きことばにおける英語の変化と発展を知ることは，私たちの時代の英語をよりよく理解するために大きな意義があるというだけでなく，また一味違った英語との接し方であろう。文学と聖書はまた，それぞれの時代の社会と文化，そしてそれを読んでいた人びとの生活と心情を映し出す鏡でもある。

1　イギリス文学に見る英語の歴史

太田良子

はじめに

　図3-1は『不思議の国のアリス』(*Alice's Adventures in Wonderland*, 1865) から，チェシャ猫がにたにた笑いを残してアリスの前から消えていく有名なシーンである。猫が笑うという作者ルイス・キャロルの発想もすごいが，ジョン・テニエルのこの挿絵も素晴らしい。そして図3-2が，2003年10月3日の『タイムズ』紙に掲載された，著名な風刺画家ピーター・ブルックス描くところの挿絵である。イギリス首相トニー・ブレアをアリスに，にたにた笑いながら消えていくチェシャ猫をサダム・フセインに見立て，"Tony in Wonderland" というキャプションをつけて，イラク侵攻をめぐるイギリス首相の難しい立場を解説した記事に読者の目を引きつけている。このように有名な挿絵を用いた例はほかにもあるが，古来人びとに親しまれた有名な文句や成句の言い換えはさらに多くの実例がある。

　"Portrait of the artist as a bore"（『タイムズ』2002年5月23日）は，1940年代のニューヨークに現れた無頼派の画家ジャクソン・ポロックの伝記映画 *Pollock* を紹介するコラムの見出し語であるが，これはいうまでもなくジェイムズ・ジョイスの小説『若い芸術家の肖像』(*A Portrait of the Artist as a Young Man*, 1916) のもじりで，「退屈屋の芸術家の肖像」と書いた批評家にとって，映画のできは良くなかったのだろう。"A Rome of my own"（『タイムズ』2003年10月12日）というのは，ローマに休暇旅行をするなら自分の忠告を聞きなさいという旅行アドバイザーの記事の見出し語，これはヴァージニア・ウルフが女性論を展開した名高い随筆集『わたしだけの部屋』(*A Room of One's Own*, 1929) を下敷きにしている。このほか，内容の説明は省くが，"Who's afraid of kissing Virginia Woolf"（童話「赤頭巾」にちなんだ童謡「狼なんか怖くない」の狼ウルフから連想したタイトルの戯曲『ヴァージニア・ウルフなんか怖くない』が出典,

図3-1 アリスとチェシャ猫。(『不思議の国のアリス』から。)

図3-2 『タイムズ』の挿絵。(©Peter Brookes / News International Syndication, London, 3rd October 2003.)

ただし, 狼は wolf, 作家は Woolf), "Cider house blues"（ジョン・アーヴィングの小説『サイダーハウス・ルール』）など, 題名をもじった見出し語はよく見かける。
　こうした言い換えによる見出し語の出典は, 文学作品にとどまらない。"Driving Miss crazy"（映画『ドライビング・ミス・デイジー』）, "Grief encounter"（映画 Brief Encounter, 1945, 邦題『逢引き』）といった映画の題名も好まれるし, "Survival of the hippest"（ダーウィンの「適者 [fittest] 生存」の言い換え）があるかと思えば, "A case of conspicuous consumption"（政治経済学者ヴェブレンの「誇示的消費」の応用）といった専門用語も利用される。だが, 最も効果的な見出し語の出典の宝庫は, やはり何といっても古典や文学作品である。イギリスの文学作品には, 誰もが知っている名文や名句, 名台詞がそれだけ豊富にあるのだろう。気をつけて見ると, 出典のある見出し語のない新聞紙面はないといっていいほどであるが, その反面, 知らない人には何の効果もない紙面になる。
　ここではドラマや小説を取り扱うので, 書かれた英語（読む英語）について述べることになるが, 英語力の増強という目的に変わりはない。たとえば授業

時の書き取りで，four を for，their を there，pressure を precious，murder を mother と聞きちがえると，もうセンテンスにならず，意味のとりようがなくなる。あらゆることばは文脈の中で意味を持ち，ことばはそれを取り巻く知識と一体になっている。ことばのこの本質を表している一番の実例が，上で見たとおり，世界中に愛読者を持つイギリス文学の名品の中にある。

　3人の男児をイギリスで育てた言語学者，山本麻子によれば，イギリスでは1998年9月から全国の公立初等学校（5歳から11歳までが対象）で「全国読み書き戦略」（National Literacy Strategy）の実践が強化され，そのために毎日1時間の「リテラシー・アワー」を設け，初等教育の段階から，日本でいえば大学の英文科で読むような文学作品をどんどん教材に取り入れている。中等教育になると，すべての公立中学校でシェイクスピアの戯曲を最低でも2作品読み，上演もしているという[1]。歴史と伝統で名高いイギリスの私立校は，国家基準によらない独自の教育方針で知られ，安易な比較はできないが，『ジュリアス・シーザー』が好まれることがあるのは，将来，政治家や法廷弁護士になるには人の心を打つ演説が不可欠とあって，演説シーンで有名なこの戯曲でそれを学ぶと筆者も聞いたことがある。いずれにせよ，国語が正しく使える国民の育成が健全な社会の基盤になるという理念が，教育制度に生かされているのだろう。母語の習得は，いうまでもなく外国語習得の第一歩である。他方，母語であれ外国語であれ，学校で読まされたものは役に立たない，身につかないという人が8割いても，残る2割の人は何らかの感銘や印象を受けている。感銘や印象こそが勉強した人間の一番の財産であろう。後日，新聞や雑誌を見て，名文句が甦る。これは悪くない楽しみである。見出しのおかげで，大事な記事を見落とすこともない。

(1) **To be, or not to be, that is the question.**
　　——シェイクスピア（1606年）

　イギリス文学は8世紀の作とされる作者不明の英雄詩『ベオウルフ』（*Beowulf*）が作品として写本が現存する最初のものだが，それ以前の口承文学などを考慮すれば，その歴史は1500年に及ぶ長いものになる。しかし文学は個人と社会の相剋を一貫してそのテーマとし，民話や宗教詩といったさまざまな形態をとりながら一般大衆とともに歩んできた。15世紀の印刷機の発明を待って書物の流通が始まり，市民の識字率が向上し，16世紀から17世紀初め

になると文学は演劇というジャンルが隆盛を見せ，やがて 18 世紀に誕生した小説はイギリス社会の中心勢力となった中産階級の嗜好に合致して，19 世紀にはその最盛期を迎えた。そして 20 世紀，英語は世界言語となり，同時にイギリス文学もまた世界中に読者を持つまでになった。上に見たように，文学作品からの引用句がさまざまな言い換えを生んで毎日のように新聞紙上に出てくるのは，言語が文学という一般大衆の嗜好にマッチしたかたちをとることによって，一段と生きた人間のことばとなり，人びとの語彙に浸透していることを物語っている。本稿では英語の歴史のごく大まかな概要を視野に入れながら，世界中に読者を持つシェイクスピアとジェイン・オースティンを中心にして，彼らが作品の中で使った英語の表現に直接触れて，英語の手触りを確かめ，英語という言語の感覚をつかみ，イギリス文学が現代英語の中で生き続けている経緯を実感することを目的としている。英語という文字で書かれた作り物の人物だったハムレットが，シェイクスピアがその口に語らせた台詞によって生きた人間になり，ハムレットがすぐ隣にいる友人であり，ときには自分自身であることにきっと気づくことであろう。

シェイクスピア（William Shakespeare, 1564-1616 年）の戯曲『ハムレット』は，亡霊の登場で幕が開く。デンマーク王だった父が死んで 2 ヵ月，王子ハムレットは父の亡霊と出会い，父がその弟によって毒殺された事実を知らされる。しかも，ハムレットにとっては叔父にあたるその弟と今は再婚した母が，すでに叔父と密通し，父の殺害にも荷担していたことを知り，ハムレットは厭世観を深め，激しい女性不信に陥る。母に危害は加えずに復讐をといいおいて亡霊は消えるが，ハムレットはその日から狂気を装って時間を稼ぎ，とるべき道について思い悩む。

内省的で知性豊かなハムレットの台詞は，そのすべてが名台詞であるが，中でも最も有名なのが "To be, or not to be, that is the question." である。非道の叔父，その叔父とすぐさま再婚して恥じない母を目の前にしながら，何の行動にも出られないハムレットが，心の底からしぼり出す「生か，死か，それが疑問だ」[2] は，おめおめと生きながらえるべきか，潔く死を選ぶべきか（自殺はキリスト教が禁じている），そのどちらも選ぶことができない若きハムレットの苦悩を伝えている。それはまた，中世を脱してルネッサンス（人間復興）を謳歌したものの，目の当たりにした人間世界の混沌に当惑するほかない人間自身の不安の声でもあろう。その心情は「ハムレットの心境」と呼ばれ，"hamletise"（ハムレットになる，苦悩する）という単語も作られている[3]。また，「そ

れが疑問だ」の前後に別のことばを入れて，さかんに引用されることはいうまでもない。たとえば 2003 年秋にロンドンで開かれたシェイクスピアの名シーンを描いた名画を集めた絵画展の論評の見出しは，"Why does Shakespeare in Art lack drama? That is the question" である。

　ハムレットのこの台詞の直後に，家臣の娘で何も知らないオフィーリアが登場し，王子ハムレットとの結婚など身分違いだ，王子の親切など受けてはならぬという父親の命令に従って，もらった指輪を彼に返そうとする。女の愛の不実を母親によって思い知らされたハムレットがオフィーリアに投げつけることばが "Get thee to nunnery!"，すなわち，「尼寺へ行け！」である。これはハムレットの口から一気に 5 回も繰り返され，繰り返すたびにハムレット自身の苦悩が深まっていく。"nunnery" には古来，「売春宿」という意味があることを思い出すと，その苦悩は絶望に至る。芝居小屋でこの台詞を耳にするたびに，人びとは女性の純潔が持つ永遠の価値を想起すると同時に，その美徳のいかに脆く儚いかを嘆くのである。穢れた不義の床に入る母親について，ハムレットが思わずつぶやくのが "Frailty, thy name is woman." という苦々しい独白である。「たわいのない，それが女というものか」，または「弱き者，汝の名は女なり」と訳され，もちろんすぐさま，"Frailty, thy name is man." すなわち，「弱き者，汝の名は男なり」というパロディを生んだ。

　終幕で毒剣に刺され絶命するハムレットの最後の台詞が "The rest is silence." である。「もう，何も言わぬ」という彼の辞世のことばは美しく痛ましく，死の現実を思わせて深い余韻を残す。語感とリズム，その意味内容に永遠の響きがあり，心に残る台詞である。

　"nunnery" で見たように，ことばには二重三重の意味があること，ときにはまったく逆の意味があることをシェイクスピアほど利用できた人はいない。"Fair is foul, foul is fair." は『マクベス』の幕開きで登場する 3 人の魔女が口を揃えて唱える謎かけのことば，『マクベス』のキーワードとして劇中で何度も繰り返される。「きれいは，きたない，きたないは，きれい」とは，頭から矛盾した恐ろしい台詞であるが，一見美しい顔の下に醜いエゴが隠れている。フロイトやユングがいなくても，シェイクスピアは人間がみなこの矛盾を抱えていること，それゆえに人知れぬ苦しみを抱えていることを知っていた。そして彼はことばがその悲しみを伝える最高の手段であること，的確な美しいことばが人間の心の奥に達する光であることがよくわかっていた。だからこそ，亡霊のことばに哀しみがあり，ハムレットの台詞に血が通い，オフィーリアの歌が

人びとの胸を打つのである。こうした感動とともに学んだ英語は，英語というよりは感動として私たちの語彙を増やすだけでなく，確実に心と感性を磨いてくれる。

(2) OATS ——ジョンソン『英語辞典』(1755 年)

シェイクスピアは生涯で 37 編の戯曲を残し，それらはエリザベス朝（1558-1603 年）の人びとを熱狂させながらも，1642 年，クロムウェル率いる清教徒革命によって芝居小屋は封鎖される。だが 1660 年には王制が復活し，同時に創立された王立協会（The Royal Society of London for Improving Natural Science）が国語すなわち標準英語の確立に着手する。この会の名称にその頃大いに発展した自然科学（かのニュートンはこの会の第 4 代会長）の影響があることがわかるが，英語を科学的なルールによって統制しようとした会のメンバーたちは，"specious Tropes and Figures"（見せかけの比喩やことばの綾），"this vicious abundance of Phrase, this Trick of Metaphors"（表現の悪しき過剰，暗喩のトリック）など，曖昧な表現の排除に乗り出した[4]。

となると，曖昧だったり，矛盾していたり，二重三重の意味のあることばは排斥され，そのような語彙を駆使したシェイクスピアの戯曲が，「読まれない」だけならまだしも，統制によって改作・翻案が進み，たとえばコーデリアも死なないし，リア王も狂わない『リア王』がまかり通る時代が，以後なんと 300 年も続く[5]。

しかし 1755 年，その深遠な学識から Dr. Johnson という尊称を持つサミュエル・ジョンソン（Samuel Johnson, 1709-84 年）が独力で完成させた『英語辞典』（*A Dictionary of the English Language*）が出版された。ロンドンの出版業者の依頼を受けたジョンソンが数名の筆者生だけを使って書き上げたこの辞書が，イギリス国民の国語に関する知識欲とあいまってベストセラーになり，イギリスの国語問題，すなわち英語の規範は，王立協会（国家）によらず，「民間で解決」されたといえる[6]。この辞典がよく売れたのは，ジョンソン博士の独断と偏見による語の定義がことばのおもしろさを改めて教え，人びとの共感を得たからであろう。その有名な例が "oats"（カラスムギ）の定義である。すなわち，OATS: A grain, which in England is generally given to horses, but in Scotland supports the people.[7] ジョンソン博士は『英語辞典』によって，イギリス特有の humour[8] を発信することも忘れなかったようである。そして，

世界最大の言語辞典である *Oxford English Dictionary* の編さんが 1884 年に始まり，1928 年に完成する。
　一方，『英文法』(*English Grammar*, 1795 年) を著わして「英文法の父」と呼ばれるマリー (Lindley Murray, 1745-1826 年) は，「最良にして最も権威ある作家が用いて，一般に広く使用されている英語が標準英語である」とした[9]。翻案・改作によってずたずたにされたシェイクスピアの再評価は 1920 年代まで待たねばならないが，このようにして，18 世紀の終わりには，優れた作家が用いた英語，一般の人びとが使っている英語に準拠する姿勢が定着し，英語という言語の定義・発音・綴り字・文法の規範が確立した。「話す英語」は Englishes でも，学会発表論文や学位請求論文などの「書く英語」は，規範英文法に則した English でなければ評価の対象にならないことはいうまでもない。
　次に見る『高慢と偏見』では，19 世紀初め，国力があがり産業が栄えた結果，市民社会が安定し，身分や礼儀を重んじる風潮が定着し，イギリスに独自に発達した紳士階級が社会をリードした時代を見ることになる。したがって，夫を殺すような妻や，恋人に向かって「尼寺へ行け！」などと叫ぶ若者は出てこないが，シェイクスピアがことばの持つ力を尽くして伝えた人間の本質と世界の矛盾が解消したわけではない。紳士階級が発展した社会で，女性作家オースティンはそれらをどのような英語で表現したのであろうか。

(3) It is a truth universally acknowledged...
　　──オースティン『高慢と偏見』(1813 年)

　その写実の腕に夏目漱石も脱帽したジェイン・オースティン (Jane Austen, 1775-1817 年) の代表作『高慢と偏見』(*Pride and Prejudice*) は，"It is a truth universally acknowledged, that a single man of a good fortune, must be in want of a wife." なるパラグラフで始まっている。イギリス人が暗記するのを好む，有名なファースト・パラグラフの一つでもある。「これは世にあまねく知られた真理であるが，相当の財産のある独身の男性は妻を求めているはずだ」という一節が，なぜそんなに有名なのであろうか[10]。
　まず "a good fortune" の "good" とは，どの程度の財産をいうのか。"fortune" というからには財産とは「金銭」だけではなく「運」も含むものなのか。"a single man" とは，何歳ぐらいで，親兄弟はどうなっているのか。相当な財産を持つ独身男性が求める "a wife" とは，やはり財産がなければいけないのか。

いやそれよりも，"a truth universally acknowledged" というが，果たしてそうであろうか。一見すらすら読める一文に，これだけの論点が隠されているのはさすがである。これらの一つひとつが小説のテーマであると同時に，社会の安定とイギリス中産階級の成長を物語っているからである。

　「相当な財産」とは年収 1 万ポンドのこと。おおよそ 19 世紀を通じて年収が 500 ポンドあれば紳士としての暮らし（しかるべき屋敷を構え，使用人を最低 3 人は雇えるが，自家用の馬車は無理という程度）が成り立った史実を考えると，年収 1 万ポンドの大きさがわかる。ただしそれを，"tremendous"（莫大な）などと大袈裟にいわないところがイギリス人のたしなみである。イギリスでは "some" "fair" "considerable" "tolerable" "certain" など，具体的な数字や実態を明かさない表現が好まれる。これを "understatement"（「数や重要性」を控えめにいうこと）といい，オースティンもそうした節度のある人間が堅実な中産階級を実現させたと考えている。「イギリスと英語」というとき，この国民性も忘れてはならない。その日がどんなに「暑く」ても "hot" ではなくて "very warm" といい，成績がどんなに「よく」ても "very good" ではなく "not bad" ということを，今でも自然だと感じているイギリス人は少なくない。

　さて，「独身の男性」とは Mr. Darcy のこと，その「妻」となるのが芳紀 19 歳のヒロイン，Elizabeth Bennet である。だが初対面で人を見下すような「高慢」な態度を見せたミスター・ダーシーは，エリザベスに彼は「紳士ではない」という第一印象を与え，これが彼女の「偏見」になる。*Pride and Prejudice* というタイトルは，誰もが陥る自己過信を戒める一方で，p 音と r 音の重なる語感のリズムが好まれてイギリス小説の代名詞となり，また，先に見た "Fair is foul" と同様に，同じ音で始まる語を並べる「頭韻法」という修辞法にもかなっている。

　若い二人が高慢と偏見を互いに抑制する知恵を身につけて幸福な結末を迎える一方，この小説には，子どもや女ばかりの家は，当主の死後は資産のすべてが一族の男子の近親者にいくという限嗣相続制度（entailment）や，駆け落ち（elopement）したカップルが正式に結婚できる唯一の場所グレトナ・グリーン（Gretna Green）への言及があるなど，19 世紀初頭のイギリス社会が的確に再現されているので，歴史，社会学，経済学などの専門家にもしばしば引用される。その第 56 章でダーシーの伯母であるレディ・キャサリン（以下令夫人）とエリザベスが交わす問答は，結婚というものを一族や家名の存続のための制度とみなす時代背景と，結婚の第一儀は，両性の愛情と尊敬に基づく合意にあり，と

する近代精神がぶつかる章で，二人の女性が使っていることばを比べると，この二つの価値観の衝突が英語と英語のぶつかり合いによって明示され，同時に人の使うことばがその人の人間性を表している実例を見ることができる。ただしオースティンが意図したのは，この二つの価値の対立ではなく両立であった。「中庸」を重んじて極端を嫌うのもイギリス国民性の一つである。

　さて，令夫人にとって人間の価値は身分で決まる。貴族という身分上，"class" や "rank" といったあからさまなことばを避けながら，令夫人は，"position" "condition" "sphere" "consequence" などなど，いずれも当時は社会的な身分を表すことばをあれこれと連発して，自分の甥のダーシーと持参金もないエリザベスの身分の違いをわからせようとする。令夫人にとって結婚は，"birth" "family" "world" に恥じないものでなければならず，こうしたアパー・ミドル階級の "propriety"（しきたり・礼儀）に合致していないと，"respectable"（尊敬に値する）人間とはいえないと信じている。"propriety" と "respectable" は，特に19世紀イギリスの社会と文化を理解する二大キーワードになっていて，今も日常語や小説で，この意味を無視して使われることはない。

　"decorum" "prudence" "duty" "interest" "advantage" なども，令夫人にとっては結婚と切り離せないことばである。特に "interest" と "advantage" は，「利益」とか「有利」という意味の経済学の用語でもあり，経済的な損得や概念を結婚と同列に置く令夫人の意識を示している。一方，"love" "happiness" "sincerity" "trust" といったことばが表す価値観を男女が共有することが結婚の大前提だと考えるエリザベスは，相手の身分に臆することなく令夫人に反論する。そんなとき彼女の頬にサッと血がのぼる。ダーシーは運動したり感動したりして白い頬が「紅潮する」(blush) ことほど美しいものはない考えている。彼は女性の美は心身の健康にありとする現代的な「感性 (sense)」の持ち主である。だから，理想の男性を問うアンケート（イギリス人はアンケート好き）になると，ミスター・ダーシーはチャーチル首相と並んで上位に入る常連になっている。

(4) 2b, or not 2b, that is the question.
──A・カーター『ワイズ・チルドレン』(1991年)

　イギリスの女性作家，アンジェラ・カーター (Angela Carter, 1940-1991年) の遺作となった小説『ワイズ・チルドレン』(*Wise Children*) の主人公は，双子の姉妹，元ショウ・ガールのドーラとノーラで，年齢はなんと75歳である。

二人の父はシェイクスピア俳優として一世を風靡したイギリス演劇界の大御所なのに，二人を実子として認知せず，やむなく二人は双子を売り物にショウ・ガールとして自活してきた。18歳のとき，『ハムレット』の台詞をひねった寸劇に出た。二人でホテルのベル・ボーイに扮し，届いた手荷物を手に持って，どの部屋に届けるべきか悩んでこういう。" 2b, or not 2b, that is the question."[11]。つまり，「2bだったかな，それとも 2b じゃなかったかな，それが疑問だ」。

　これはこの小説に頻発する語呂合わせやパロディのほんの一例である。ドーラとノーラの英語は，ごく一例をあげれば，"Remember *Brief Encounter*, how I cried buckets? Nowhere for them to meet on a station, nowadays, except in a bloody knicker shop."[12] のように，ロンドン訛り (cockney) ではないものの，「クソ」(bloody) とか「パンツ」(knicker) とかがぞろぞろ出てくるから，エリザベスの下着など意識すらしなかったジェイン・オースティンが読んだら気絶しそうなことばばかりである。しかし，シェイクスピアが描き，オースティンが描いた人間の本質と世界の矛盾が，同じく 20 世紀の作家カーターのテーマだった。カーターはショウ・ガールとして 20 世紀を生きた双子の姉妹を通してそれらを描き出し，シェイクスピア劇とショウ・ビジネス，上流社会と労働者階級，嫡子と私生児などを対立させ，20 世紀がいっそう複雑にした数々の矛盾に光を当てた。

　二人が生きていく上でモットーとしたのは，「最善を望み，最悪に備えよ」("Hope for the best, and prepare for the worst.") と，「ショウは続けなければならない」("Show must go on.") の二つ。このモットーに 20 世紀の女性がたどった歴史のすべてが出ているといっても過言ではあるまい。

　この小説のメイン・テーマは父親探し。カーターは "It's a wise child that knows his father."「父を知る子は賢い子ども」という古い諺にシェイクスピアをからめ，さらにアメリカのジャズとイギリスの歌謡曲で味付けをして，マジック・リアリズム派のエンタテイナーぶりを発揮している。たとえばこの小説には，"It's Only a Paper Moon"（「ペーパームーン」），"My Heart Belongs to Daddy"（「あたしの心はパパのもの」），"The Way You Look Tonight"（「今宵のあなた」），"I Can't Give You Anything But Love"（「捧ぐるは愛のみ」）の 4 曲がテーマソングになって流れている。これは小説史上，特筆すべき功績である。時代を象徴するスタンダード・ナンバーと小説という文学ジャンルのコラボレーションは，それほど美しい。その他，ドーラとノーラの初体験，避妊方法の歴史，巡業生活の苦楽，世界戦争時のチャーチル首相の国民的人気，それをもじ

った寸劇，戦後の寒波と食糧難，ハリウッドでスターにのし上がる女優の特徴なども描かれているため，この小説は，20世紀の女性史・社会史を知る上でも豊富な資料にあふれている。特に二人が着たドレスの数々は20世紀のファッション史そのもの，ココ・シャネル，スキャパレリ，ディオール，アルマーニといったデザイナーが，その得意とするデザインの衣裳とともに登場する。ワース，モリノーなど，優雅な大人の女性のガウンをデザインしたイギリス人デザイナーについて述べたところは，ドレスアップと正装の時代を懐かしむ作者の声が聞こえるようである[13]。

　こうしてハムレット，エリザベス・ベネット，そしてドーラとノーラ姉妹でイギリス文学を追いかけてみると，戯曲『ハムレット』の名台詞はハムレットが独占していたことに改めて気づかされる。自分を表現することばを持たず，自分の苦しい胸のうちを抱えたまま正気を失い小川で溺死するオフィーリアが，エリザベスの時代になると，家族や社会における自分の位置を理解する力を身につけ，それを自分のことばで表現し主張する力を身につけたことがわかる。そして20世紀のドーラ姉妹は，女性の視点から直接社会や時代を見つめ，その問題点を男性にはない独自の語彙で表現していることがわかる。ことばはそれを使う人間によって生きた言語となる。他方，ことばはそれを使う人間を育ててくれる。ハムレットたちが私たちに示したのは，ことばの最も重要な機能，つまりことばと人間の成長が互いに不可欠の関係にあることではなかったか。

　いつの時代にあっても，人間はさまざまな問題に直面する。そしてその問題意識の芽生えはおのずから深い思索を呼び，思索は言語感覚を磨き，やがて言語による表現に結晶する。シェイクスピア，オースティン，そしてカーターが残した作品は，このことを示す最も優れた実例である。天与の才能を活かした作家と言語が出会うことによって，言語そのものが洗練され成熟し，作家が見た世界が適切なことばを得て，多くの人びとに共感と感動を与える。文学作品は言語が持つこの永遠の使命と無限の可能性を示している。

おわりに

　外山滋比古はその著書で "Children should be seen and not heard." という諺をあげ，これは「こどもは人前では黙っているべきで，口をきいてはいけない」という意味の諺であり，「[イギリスの] きちんとした家庭では，そういって，こどもがよけいなおしゃべりをすることを禁ずるしつけをした」と述べてい

る[14]。そういえば、『ジェキル博士とハイド氏』で名高い作家スティーヴンソンも、この諺に似た内容のやさしい詩を書いて子ども向けの詩歌集に収めている[15]。

> A child should always say what's true,
> and, speak when he is spoken to,
> and behave mannerly at table：
> At least as far as he is able.
> (子どもはいつも本当のことを話そうね、
> そして、話しかけられたら話すこと、
> そして、食卓ではマナーを守ること、
> できるだけ気をつければいいからね。)

　子どもの余計なおしゃべりを禁じる慣習がイギリスやその他の英語圏の国々で現在どこまで生きているのか、それは外山も言及していない。しかしイギリス人はたしかに、相手に話させて自分のことはいわない傾向がある。またイギリスを含む西欧には、大人と子どもの間に一線を引く文化がたしかにある。そしておもしろいのは、少なくともイギリスでは、ことばの運用能力がその分岐点になっていることである。ともあれ、ことばの裏には子どもや外国人にはわからない社会的な慣習や伝統があり、ことばはそれを取り巻く知識や文化と一体になっている。英語を学ぶということは、英語を取り巻く知識や文化を知ることであり、つまりは人間と社会を、ひいては自分自身を知ることである。言語と文学の存在意義はそこにある。ここまで述べてきたとおり、イギリス文学は常に英語とともにあり、私たちが接する英語、つまり現代英語の中に豊かに流れ込んでいることが、それを証明していよう。

2 聖書に見る英語の歴史

陶山義雄

はじめに——普遍的思想を伝える道具として働く言語

キリスト教の開祖であるイエスの思想と働きは，人種や国境，言語の壁を越えてすべてを結ぶ普遍性を持っていた。愛の国の建設は人間を政治的，精神的束縛から解放し，各人をして自由な主人たらしめることであった。ブリテン島において英語という言語が形成される過程で，聖書のメッセージは，島の方言や俗語によって島民にもわかりやすく伝えられる必要性を提供していたのである。

(1) ブリテン島とキリスト教

キリスト教がブリテン島の支配民族であったケルト人に伝えられたのは 4 世紀のはじめであった。聖パトリック（St. Patrick, 389?-461 年）を通じてアイルランドにも伝えられたが，本格的な布教はグレゴリウス教皇（在位 590-604 年）になってからである。ラテン語がその当時の共通言語であったことは，7 世紀のリンデイスファーン島にある修道院に残された『リンデイスファーン福音書』によって跡付けることができる。

この福音書が作られた 7 世紀はケルト系の教会がローマ系の教会に吸収統合された時期であり，信者の数も増大した。8 世紀にはデーン人やヴァイキングが侵入してきたが，その後 200 年の間に侵入者はアングロ・サクソン文化に同化した。特筆すべきできごとは，10 世紀の中葉にリンデイスファーン島のアルドレッド（Aldred）司祭が，ノーザンブリア方言で「リンデイスファーン福音書」に注解を付けたことである。これは古期英語の貴重な資料となっている[1]。これはまた，ラテン語が教会用語として使われながら，ゲルマン系統のことばを取り入れて，古期英語として成長していく過程を跡付けている。

その後，ノルマンディ公ウイリアム（在位 1066-87 年）の英国征服によるフラ

ンスのイギリス支配により，以後 300 年間は公用語もフランス語となった。ノルマン王朝 (-1154 年)，プランタージネット王朝 (1154-1377 年)，百年戦争 (1337-1453 年) を経て英国のナショナリズムが台頭する。言語についても初めて英語 engliss (Englysche)[2] が，フランス語に対抗する自民族の言語として自覚されていく。また，敵国の言語を使うことは非愛国的であるとの風潮が庶民から湧き上がってきたのである。

(2) 英語とキリスト教

(a) ウィクリフ直前の状況

ことばと文字（書物）の宗教であるキリスト教は上記のナショナリズムと結びついて，英語という言語の普及と統一に貢献した。旧約聖書はいうに及ばず，新約聖書さえ，完全に英訳されたものはジョン・ウィクリフ (John Wycliffe, 1328?-1384 年) の時代まで存在しなかった。庶民にわかることば（英語）で訳出された聖書への要望はナショナリズムの台頭と共に盛んになり，ウィクリフの時代を迎えるのである。

教会の内部からも一部ではあるが，英語聖書が求められていた。英語の注 (gloss) なしにはラテン語聖書を理解できない聖職者さえ現れるようになっていた。また，聖書そのものの数が不足していたので，当初は英語の聖書でも英国の教会では歓迎する風潮があった。

(b) ウィクリフの英語と英語聖書

今日，英語に相当する言語は 14 世紀以降のイギリスにおけるナショナリズムの台頭とローマ教会からの独立運動のなかで形作られていったものである。初めて聖書の英語訳を完成させたウィクリフはその意味でも，ナショナリズムの高揚と既存の方言を英語へとまとめるために働いた先駆者である。印刷術が導入される以前の状況で，今でも 170 近くの写本[3] が残されているという事実は，彼の英語聖書への人気と，時代の必要，また普及の度合いの高さを物語っている。

① 改革を先導する闘いの書

全巻揃いの最初の旧新約聖書はオックスフォード大学出版局から 1850 年に出版された。それも前期訳 (1384 年) と後期訳 (1395 年) が対観できるよう，

各ページにわたり左右に並べて編集されている[4]。まず，これはウィクリフが一人でラテン語から訳したものではない。原本に彼の名前が記されていないところから，彼の手によるものではない，という見解もあるが，正しくは彼を指導者の中心とする仲間によって訳されたものである。なぜ名前がないのか。権力の側から，極度ににらまれ制約を受ければ，無記名は当然のことであろう。この聖書は闘いの書であり，改革者を鼓舞するために訳されたのだ。

　改革を先導した者のなかには，1381年のワットタイラー農民一揆に荷担したヘレフォードのニコラス（Nicholas of Hereford）がいる。前期訳の作業中，"Explicit translacionem Nicholay de herford"と書き残し，作業を中断して身を隠している[5]。おそらくロンドンのドミニコ会本部で棟梁のウィクリフが受けた異端宣告で，彼も身の危険を感じ，海外に逃亡したためであろう。中断の後は誰が仕上げたのか。ウィクリフの可能性は十分にある。彼は1377年，説教内容が問題でロンドン司教会議に召喚され，グレゴリウスXI世（アヴィニオン教皇）の教書で咎めを受けた後，オックスフォードを離れ81年まで，ラベース（Laberth）にこもってもっぱら翻訳に励んだと思われる。オックスフォード大学が1380年にウィクリフへの異端判決を支持してから，彼はラターワース（Lutterworth）に移り，1384年12月に没したのである。84年の冬に第2回の中風発作が起きるまで，彼は聖書の英訳に努め，かくして前期訳が完成した。

② 民衆の言語とするための闘い

　ウィクリフの前期訳を見ると，彼とそのグループは，彼らが手にしたラテン語の聖書を忠実に英訳し，ラテン語が読めない民衆に，英語でもラテン語聖書と同じ恩恵が与えられるよう，基準をラテン語においていた。語順までも極力ラテン語に揃えている。そこで，前期訳を，より英語らしく改定する必要を感じた門下生が，棟梁の死後，約10年経って改定を試みた。それが1395年頃に完成した後期訳である。それはウィクリフが自ら課していた制約から解き放たれて，英語として完成された旧新約聖書をめざして改定を試みたものである。改定にたずさわった中心人物は，前期訳にも関わった棟梁の助手，ジョン・パーヴィー（John Purvey, 1354?-1421年）で，後期訳冒頭の序文（Prologue）をも執筆した人物とされている。

　ウィクリフとその仲間たちは，当初，社会変革を企てることが第一の目的ではなかったであろう。聖書の教えに従って生きようとすることが，時代の悪を暴くことになり，権力に痛めつけられている弱者と手を結び，結果的に社会変

革につながる運動になったのである。そうした中で、聖書の英訳は、運動の基準が聖書にあり、イエスに倣うことであれば、それは必然的に民衆がわかることばである英語にしなければならなかった。これも、結果的に英語を共通のことばとする人びとの結束を促す戦いとなったのである。権力者はその進展を恐れ、だからこそ、ウィクリフについていえば、彼はすでに死んでいるのにコンスタンツの宗教会議（1415年）で異端宣告をしたり、ボヘミアの地でウィクリフを受け継いだヤン・フス（Jan Hus, 1369-1415年）にも同じ宗教会議で異端の宣告をして焚殺したのである。

どんなに弾圧をされても、英訳聖書は秘密の集会で読み続けられたし、その力は1世紀経ってテインダルに受け継がれていく。人びとが必要とする限り、英語聖書は弾圧を超えて英語を話す人びとの結束のために用いられ、新たに生み出され、改定され続けていくのである。

(c) 英語聖書の最大貢献者、テインダル
① 聖書の翻訳にいたるテインダル

イギリスの民衆が一個の国民になろうとする16世紀に、英語も一段と洗練され、統一された言語として実を結んでいく。各地域や人種がそれぞれの歴史の中で育んできた方言に統一をもたらすためには、上からの強力な働きが必要となる。しかし、それだけでは、民衆を心の内側からまとめあげる言語にはならない。16世紀のイギリスは上からの働きに先立って、内側からまとめあげていく優れた指導者が現れた。それがウィリアム・テインダル（William Tyndale, 1494-1536年）である。

② テインダルの英語

テインダルの伝記を著わしたデーヴィド・ダニエルは、テインダルの英語について以下のように述べている。

テインダルが訳した英語は、その時代としては、独特の質を持っていた。それは話しことばから直接にとられた単純なかたちのことばであった。しかも同時に尊厳と調和を備えていた。つまり新約聖書の翻訳が備えるべき要件として完全なものである。テインダルはわれわれに聖書のことばを与えつつあったのだ。……テインダルはその聖書の翻訳において、日常のことばを意識的に用い、倒置などは用いず、中立的な語順で、かつリズムにあふれたかたちを聞き分ける優れた耳のせいで、英語という言語に聖書のことばを与えただけでなく、一

つの新しい散文を造り出したのである。イングランドは一つの国として，その主たる書物，つまり英語の聖書がこの後急速にそういうものとなっていったのであるけれども，その主たる書物が，以後そこから最も偉大な散文の明澄さ，表現力の幅が常にあふれ出て来る泉となった，そういう祝福された国となったのである[6]。

　テインダルは難解ともとれる聖書を，わかりやすい庶民の日常用語を用いて，ラテン語ではなく，ギリシア語原典から英訳したのである。翻訳の作業には原文の解釈が必ず付きまとうものである。彼の聖書学者としての素養と，ギリシア語学者としての技量が役立ったことはいうまでもない。さらには，自国語への愛着，人びとの日常会話への関心，礼拝説教者としての厳選された自分のことば，しかも独善的にならないよう，多種多様な階層の人びとが用いていることばへの興味などが，翻訳された聖書のことばに凝縮されていたのである。

　たとえば，"Blessed are the peacemakers: for they shalbe called the chyldren of God." というテインダルの英語（マタイによる福音書5章9節）は，現代英語の知識を持っているものなら，十分に理解できる。テインダルの英語は現代英語に分類できるほどの完成度を備えている。その150年前のウィクリフ訳（中期英語）と比べれば明瞭である。"Blessed be pesible men: for thei schuln be clepid goddis children."[7]

　テインダル訳が平易な日常用語を使い，軽快なリズムを持って書かれていることがよくわかる。もちろんそのリズムと軽快さはギリシア語がそうなっているからであるが，翻訳者はその質感をよく引き出している。ことに引用文最後の9節にギリシア語では $οι$ $ειρηνοποιοι$（細下線は「平和」，点線は「作る」の現在分詞で，先に付けられた複数定冠詞と結びついて「平和を作り出すもの」となる）とある合成語を，ウィクリフとは違って peacemakers という単語に置き換えている。英語として収まるばかりでなく，今の時代にも生きたことばとなっている。

③ 教会を激怒させたことば

　テインダルのことばでいえば，「鋤をとる少年でさえも聖書を良く知るように」[8]，彼が活動する際に障害となったのは聖職者と教会であった。そこで，彼は教会用語を旧来のことばで訳せば，聖書の本意が伝わらないことから，いくつかのことばについて，どうしても避ける必要性を感じていた。

　教会が民衆に求める「愛の行為 (charity)」は，そのまま教会の富につなが

るものであったし、民衆の信仰心は「愛の行為」で推し量られ、「愛」とは貢納と同じように受け止められていた。テインダルは何としても、聖書の真理に合致した「愛」の使信をつたえるべく、聖書が語る $αγαπη$（愛）をローマ教会が用いた charity ではなく love に置き換えている。これはルターの宗教改革で掲げられた提言の一つである、「人が救われるのは信仰によるのみ（善行や業によるのではない）」にテインダルも同調していることを表している。love ということばで「愛」を表した彼は、やはり改革者であった[9]。

さらに教会を苛立たせたのが「教会」を表す church に変えて、テインダルが congregation を用いたことである。ギリシア語では $εκκλησια$ で「呼び集められた集団」を意味している。church はゲルマン、アングロ・サクソン系のことばで、「サークル」とか「輪」から派生したもので、ラテン語でさえ、ecclesia をそのまま、「キリスト者の集会」を表すことばとして用いていたのである。テインダルが congregation と訳しても何ら問題はないはずであった。それにもかかわらず、ローマ教会が激怒するのは、この教会が拠って立つマタイ福音書16章18節がテインダルの英訳では以下のようになってしまい、ローマ教会を必ずしもさしていないことになるからである。"and I saye also vnto the, that thou arte Peter: and vpon this rocke I wyll bylde my **congregacion**. and the gates of hell shall not prevayle ageynst it."（わたしも言っておく。あなたはペトロ。わたしはこの岩の上にわたしの教会を経てる。陰府の力もこれに対抗できない。）

彼はひと言も18節に注釈を加えていないが、おのずとそれは王権神授のような神話を土台とする大文字の"Church"（唯一の教会）ではなく、ペトロの告白をイエスに捧げる者であれば誰でも、「（イエスの）集会（congregation）」の礎になりうることを証しているのである。だから、ローマ教会はこの英訳に苛立ったのである。

(d) テインダルから欽定訳聖書まで

テインダルは1536年10月6日に焚刑死している。カトリックの側に捕えられたプロテスタントの有力者であれば、絶好の見せしめになったし、審問者たちはこれで異端収束を期待したに違いない。だが、これは火に油を注ぐ結果となった。テインダルの英訳聖書は大陸で出版され、大量にイギリスへ送られた。需要があったからである。

ヘンリーⅧ世を教会の首長にして生まれたばかりの英国教会は独自の英語聖

書を，それも国家が公認する英語聖書を必要とし始めた。ここで活躍したのが国王の側近たち，とりわけ国王の秘書官長であったトーマス・クロムウェル (Thomas Cromwell, 1485?-1540 年) と，時のカンタベリー大司教のトーマス・クランマー (Thomas Cranmer, 1489-1556 年) である。彼らは，国王に請願して国王公認の英語聖書の作成許可を 1534 年に取り付けている。クランマーは早速事業にとりかかり，マイルズ・カヴァデール (Miles Coverdale, 1488-1568 年) に託して 1 年後の 1535 年 10 月に作業を完了した。テインダルの死後わずか 1 年で英語聖書を完成できたのは，ほとんどテインダルを借用したからである。

　カヴァデールの聖書は，誕生したばかりの英国教会には不満の残る内容であった。教皇を国王にすげ替え，イギリス国内のローマ教会財産，土地，建物を没収してできた英国教会は，大陸で起きた宗教改革に比べれば不徹底な改革であった。ローマ教会とさしたる違いはない。そのため，宗教改革の徹底を求めて，やがて清教徒 (puritan) や，国教会には与しない非国教徒 (dissenters または nonconformists) が登場するのである。したがってカヴァデール訳の聖書は早晩，改定を必要としていたのである。彼の功績は新約聖書の全部と，モーセ五書と歴史書をテインダルから借用して，その成果を普及させたことである。また，テインダルが完成できなかった旧約聖書の残りの部分を，ルターをはじめ，スイスでも訳されたドイツ語の聖書とラテン語聖書から翻訳し，初めて旧新両約聖書として 1 冊にまとめて出版したことである。また，時の国王に献呈できたのも，クロムウェルやクランマーなどが中間に入っていたおかげである。

　クランマーが国王から認可を受けるにふさわしい英語聖書を求めていた間に，ジョン・ロージャーズ (John Rogers, 1500?-1555 年) がトーマス・マシューの雅号で 1537 年 8 月に旧新英訳聖書を出版した。彼はアントワープでテインダルと出会い，カトリックからプロテスタント信者に転向し，テインダルの翻訳作業を手伝ったようである。テインダルが逮捕されたとき，未発行の翻訳原稿を保管し，これを世に公開することが彼の目的であった。すなわち，未発表のヨシュア記から歴代志下を，カヴァデール訳に差し替え，一部修正を試みて出版したのである。つまり，テインダルの労作が最大限に残された英語聖書が完成したのである。クランマーはクロムウェルを介して国王から公認英語聖書の資格を申請し，認可第 1 号になった聖書がこのマシュー訳である。

　国王公認の聖書とはいえ，新約聖書のほとんどすべてと，旧約聖書のほぼ 4 割はテインダルの息がかかっているとなれば，保守的な教職者には受け入れがたい内容を持った聖書であった。そこでクランマーはカヴァデールにマシュー

訳の修正を依頼し，自ら序文を付けて 1537 年秋に完成させ，すべての英国教会が備えるべき公認聖書として 39 年 4 月に出版した。これは，「大聖書（The Great Bible)」別名，「クランマー聖書」と呼ばれ，名実ともにこれで英語聖書は完成したかに見えた。だが，テインダルの流れを汲む大陸の宗教改革に影響を受けた人びとには，不満が残る聖書であったことは否めなかった。

ヘンリー VIII（在位 1509-47 年），エドワード VI（在位 1547-53 年）と 2 代にわたって続いた英国教会はメアリー女王（Mary I, 在位 1553-58 年）になって，カトリックに復帰した。女王はスペイン皇太子（後のフェリペ II）と結婚し，反宗教改革運動の推進者となり，カトリック同盟国として世界制覇を狙っていた。国内ではクランマー，クロムウェル，ロージャーズなど，300 名近くがいずれも処刑され，800 名近くの新教徒が大陸への亡命を余儀なくされた。こうした逆境の最中で，大陸の宗教改革者や聖書研究の成果に触れた亡命者のなかから，新しく，新教にふさわしい英語聖書をめざして翻訳作業が進められたのである。こうして，カルヴァン派の中心地であるジュネーヴに寄留していたウィリアム・ウイッテンハム（William Whittingham, 1524?-79 年）たちは 1557 年に新約聖書を，60 年には旧約聖書を加えて，全巻揃いの英語旧新約聖書を完成させた。共働者のなかにはカヴァデールもいたといわれている。完成したときは，すでにエリザベス女王（Elizabeth I, 在位 1558-1603 年）の時代を迎え，英国教会と新教も容認されたため，ジュネーヴ聖書はこの女王に献呈されている。

ジュネーヴ聖書はイギリスで歓迎され，欽定訳聖書が 1611 年にできるまで 120 版を数え，その後も 60 版を越えて印刷された。清教徒に歓迎され，シェイクスピアや，ミルトン（John Milton, 1608-74 年），さらにメイフラワー号で新大陸に渡った清教徒団もジュネーヴ聖書を持ち歩いたのである。

カルヴァン派の土壌で生まれたジュネーヴ聖書が公認の「大聖書」にも増して英国内で用いられ，ことに一般家庭で読まれている状況に対して，英国教会は挽回を謀らざるをえなくなった。パーカー（Matthew Parker, 1504-75 年）がカンタベリー大司教になって 7 年後の 1566 年に，大聖書を改定する作業が組織された。2 年後の 68 年に完成し，大司教会議の決議によって，この改定聖書，通称「司教聖書（Bishops' Bible）」は教会に設置を義務づけられ，一般家庭でも推奨された。しかしジュネーヴ聖書の人気を止めることはできなかった。

エリザベス時代になると，今度はカトリックの信徒たちの多くが大陸に亡命し，彼らを教育する目的でローマ教会の標準ラテン語訳聖書ヴルガタから英語に訳された聖書が，新約は 1582 年にランス（Rheims）から，旧約は 1610 年

にドェイ（Douai）で完成した。両約あわせてこれを「ドェイ・ランス訳（Douai-Rheims Version）」と呼んでいる。この集団はイギリスに反宗教改革の戦士を送り込み，女王暗殺計画を含めて幾多のかく乱を起こしたが，1588年にスペインの無敵艦隊がイギリスに敗れてから勢力関係は一変する。旧教勢力の言語であるラテン語，スペイン語は新教勢力の一つを代表するイギリスの言語である英語に，国際言語の地位を譲り始め，今日につながっていくのである[10]。

エリザベス女王を継いだジェームスⅠ世は，1567年，2歳でスコットランド王（James Ⅵ）に就き，1603年からは，イングランド王をも兼ねた人物である。彼は王権神授説を戴し，イギリス国民から人気を得るために，また，自らの権威を顕示するために英語聖書の改定を企画した。かくして就任早々，47名の学者がオックスフォード，ケンブリッジ，ウェストミンスターから集められ7年かけて1611年に完成したのが欽定訳（Authorized Version，略称はAV，アメリカでは英国王の権威の外にいるので，King James Version，略称はKJV）である。

この翻訳に先立って守るべき規定が15項目あげられているが,「司教の聖書」を基にし，それよりも「テインダル訳」，「マシュー訳」，「カヴァデール訳」，「大聖書」，「ジュネーヴ訳」の方が原文（ヘブライ語とギリシア語）により近く合致している場合には,「司教の聖書」を改めてもよいことなどが書かれている。「司教の聖書」も元を正せば，「大聖書」であり，それはティンダルの聖書から転用したものであれば，全編の9割はティンダルの英語が使われ[11]，それに若干の修正が付けられたものにすぎないとする学者もいるほどである。1611年の初版以降，出版を重ねていくうちに，また，複数の出版社で刊行されていくうちに，初版にはない変更も加えられてしまった。1796年に「オックスフォード標準版」が出されて，以後の出版はこれに準拠している。

（e）イギリスとアメリカにおける英訳聖書改定の競争
① Revised Version versus American Standard Version

欽定訳聖書については，ピューリタン革命と共和制の時代に（1642-1658年）清教徒たちの中から改定を求める声も上がったが，それが頓挫した後，2世紀半も改定されずに存続できたのは大英帝国の後ろ盾があったからである。その間にギリシア語原典に関する古代写本が数多く発見されたり，ヘブライ語の旧約聖書についても本文批評の研究が進展し，AVが依拠した原典聖書は新しい時代の研究成果に耐えられなくなっていた。英語そのものも，これだけ時が経てば変化している。放置してきた誤訳や，不揃いな訳文もある。そこで1870

年のカンタベリー大司教区会議で欽定訳の改定が決議され，国内の学者，教職者，信徒に加えて，アメリカの聖書学者も参加し，1881年に新約聖書が，また，96年に旧約聖書の改定が完成した。これを改定訳（Revised Version, 略してRV）と呼んでいる。改定に先立って確認された原則の中に，「欽定訳」が決定的に有力な写本に依拠して本文と異なる場合には，そのことを欄外に明示して改定するが改変は極力少なくすることとあるように，本文批評が改定の大きな要素をなしている。原典に忠実であろうとすれば，いきおい英語の表現が犠牲になることもある。事実，RVは評判が良くなかった。言い回しも原典に沿って，同一の言語はそのまま統一的に訳したので稚拙に映ったようだ。たとえば，$και$をすべてandにしてしまい，それが何回も繰り返されると英語では洗練された文章ではなくなってしまう。同じく「そして直ぐ」（$ευθυξ$）も，別様に訳しかえる方法があるのに，同一言語は同じことばをもって訳すという方針では，ぎこちなくなってしまう。せっかく改定訳が出されたが，AVの方を教会も家庭も好んで用いたために成果は上がらなかった。加えて，改定作業に協力したアメリカの改定委員会からの提案が採用されなかった。アメリカ側はまさに不評の原因となるところを指摘し，是正を求めていただけに，その不満は収まらなかった。そこで，アメリカの委員会はイギリスとの契約期限が切れた1901年に，自分たちの要望を生かして増補改定を施して，「アメリカ標準訳（American Standard Version, 通称ASV）を出版した。

　ASVの意義はアメリカがイギリスから自立して，主導権をアメリカ側において，聖書の英訳を進めるようになったことである。ある意味では国力の逆転が始まっていて，それが聖書の研究や翻訳にまで及び始めたことを意味している。

② Revised Standard Version versus New English Bible
　2度にわたる世界大戦でイギリスをはじめヨーロッパの国々が疲弊しているなかで，アメリカ大陸では，ASVの改定作業が進行し，RVをはじめAVまで視野に入れ，また最も新しく，有力な聖書学の研究成果を踏まえて，英語聖書の作成作業が進行していった。1937年より32名の学者が旧約と新約に分かれて作業を始め，新約聖書は1946年に，旧約聖書は1951年に完成した。これは「改定標準訳（Revised Standard Version, 通称RSV）と呼ばれ，現在でも英語圏で広く親しまれている。英語については1611年に使われていたことばのなかで，現在では異なった意味になるので現代英語に改めたリストをあげている。こうした違いは300以上もあるが，そのままにしておくのはAVの名誉にも関

わるので，正当な理解が得られるよう現代英語に改めたという。

RSV はイギリスでも歓迎され，一般家庭ばかりか教会でも多く用いられることとなった。この事態に業を煮やした英国教会は，不評の RV（アメリカでは ASV になぞらえて，English Revised Version とも呼んでいる）に代わる，新しい英語聖書の作成をイギリス人の手で開始した。RSV から 15 年を費やして，1961 年に新約聖書が，また，1970 年になって旧約聖書と外典が完成した。名付けて「新英語聖書（New English Bible, 通称 NEB）」である。アメリカに対抗したせいもあって，まさか同じものは出せないので，敷衍訳を特徴としている。

この聖書の訳文はあまりにも斬新的で，翻訳者の解釈が前面に出すぎ，原典の持つ意味を読みとる作業を読者から奪っている。教会でも使いにくく不評を買った。

③ New Revised Standard Version versus Revised English Bible

RSV も NEB も共に 1989 年に改定され，前者は New Revised Standard Version（略称 NRSV），後者は Revised English Bible（略称 REB）となった。主として性差別問題とエキュメニズム（教会一致促進運動）に応えるための改定である。

REB も性差別用語と表現の改定を意図しているが，ギリシア語原典を変えてまで変更を試みていないので NRSV に比べて控えめである。新約聖書から一例として，マタイ福音書 5 章 22-23 節を RSV と NRSV, REB で比べよう。

RSV: But I say to you that *every one* who is angry with *his brother* shall be liable to judgment; *whoever* insults *his brother* shall be liable to the council, and *whoever* says 'You fool' shall be liable to the hell of fire.

NRSV: But I say to you that if *you* are angry with *a brother or sister*, you will be liable to judgment; and if *you* insult *a brother or sister*, *you* will be liable to the council; and if *you* say, 'You fool,' *you* will be liable to the hell of fire.

REB: But what I tell you is this: Anyone who nurses anger against *his brother* must be brought to justice. Whoever calls *him* "good for nothing" deserves the sentence of the court; whoever calls *him* "fool" deserves the hellfire.

おわりに

　英語聖書は主として英米における時代の変化を先取りしながら，変革の指導的役割を負い，英語という言語の形成に貢献しつつ，改定や改訳を重ねてきた。今後予想される，あるいは，必要とされる改定，改訳の方向を示唆しておけば，キリスト教内部で諸教派が統合をめざして合同協議を行い，そのような中で英語圏における共通の聖書編纂がさらに進められていくであろう。当面聖書はキリスト教の書物という性格は持ち続けるであろうが，本来宗教は一つとなるべきものであるとすれば，いつの日か他宗教をも視野に入れ，包括的につながりを持ちうるような解釈をもって聖書の翻訳がなされてしかるべきであろう。

　黄金律はキリスト教，あるいはイエスに固有の教説ではないことが，指摘されるようになった。人と人を結ぶ絆は，どの宗教も開示し，その達成に努めている。特定の宗教のみが究極的な解決を提供できる時代ではない。聖書も一つの解決を開示する道である，との謙虚な立場に身をおけば，その翻訳も変わってしかるべきであろう。ことに究極的な存在，崇拝，畏敬の対象について，名前をもって争う時代ではない。聖書は元来，名前で呼ぶことを畏れて四文字 (Tetragrammaton) YHWH をもって畏敬の対象を表していた。いつしか読み方さえ忘れていたのであるが，RSV では Lord で統一し，その他の呼び名（ELOHIM）を God としている。YHWH ELOHIM と併記されている場合はこれを the Lord God と訳すように統一したと，その序文には書かれている。イエスが用い（マルコ福音書 14 章 36 節），信徒も受け継いだ特別な呼称であるアッバ（ローマの信徒への手紙 8 章 15 節；ガラテアの信徒への手紙 4 章 6 節の $αββα$）なども，宗教多元主義の視点から新たなことばに置き換えるか，乳飲み子が産みの親への信頼を表す人類共通の幼児語のままでよい。英語とキリスト教はイギリスやアメリカの国力と政治・国際情勢を反映して，世界に根を下ろしてきたが，これからはアジア，アフリカで植民地とされ，英語を統一言語とされてきた民族も，自国の文化や伝統を背景にして，新しい英語聖書の作成作業に参加する日が来なければなるまい。

第2部　私たちの英語

第4章　身近な英語のいろいろ

　国内のさまざまな分野で英語の重要性が高まっている。海外に行くまでもなく，われわれのより身近なところにも，英語が浸透しているからである。文部科学省が小学校に教科としての英語の導入に積極的な姿勢を見せる中，英語の地球語化の波は，早期英語教育というかたちをとり，いまや乳幼児にまで迫っている。また，私たちの生活に不可欠となりつつあるインターネットは英語の世界的普及を促進してきているが，ＩＴとの関連で英語の重要性が増しているという意味では，日本も決して例外ではない。さらに，テレビや新聞などのメディアを介して私たちが日常的に接するニュースや海外情報の裏では，英語が大きな役割を果たしている。そして何よりも，日本の社会そのものが国際化と多様化を免れない。少子高齢化で重要性を増している福祉について考える際，英語を通じて多文化に対する鋭い感性と深い理解を備えることも重要である。
　英語は，日本人同士のコミュニケーション言語ではないけれども，いまや私たちの生活の一部になっているといっても過言ではない。

1 ITと英語

柳沢昌義

はじめに

　ITとはInformation Technologyを略したもので，直訳して情報技術と呼ばれている。情報技術ということばが意味するものは大変広いが，ここではインターネット，パソコン，携帯電話といった最新の技術のことだと思っていればよいだろう。これらの技術は今日，私たちが通信するための基本的な機器になっている。昨今では，この通信という側面を強調してITというよりもICT (Information Communication Technology) ということも多くなってきている。

　誰が決めたわけでもないが，インターネットの公用語は英語である。なぜなら，簡単にいえば，コンピュータやインターネットはアメリカで開発されたもので，当初そこに流れる情報の多くはコンピュータ関係の情報であり，そして当然英語で書かれていたためである。日本のような英語圏以外の国がインターネットにつながったのは，英語圏のインターネットがほとんど完成した後の，ごく最近のできごとなのだ。ITと英語の関係を論じる最初の出発点として，まずはインターネットの歴史を振り返ってみよう。

(1) ITと英語の関係

(a) インターネット略史

　インターネットの発展の略史を表4-1に掲載した。インターネットの最初の取り組みは1969年，米国国防省高等研究計画局 (Advanced Research Project Agency) が作ったネットワーク，ARPANetにさかのぼる。1957年のスプートニク・ショックを受けて誕生したのが高等研究計画局であり，ソ連の核攻撃にも耐えられるネットワーク作りをめざしたものであった。ARPANetの最初は，アメリカの4つの大学・研究所（カリフォルニア大学ロサンゼルス校，スタンフ

ォード研究所，カリフォルニア大学サンタバーバラ校，ユタ大学）の4台のコンピュータがネットワークによって結ばれたものであった。

その後，軍とは関係のない組織が作ったUSENETあるいはCSNETと呼ばれるネットワークが誕生し，それがARPANetと相互接続をはじめ，やがてNSFNETに統合されていった。インターネットという名称は，ネットワークのネットワークという意味であり，ある組織が作ったネットワークと別の組織が作ったネットワークが相互接続することで成り立っている。インターネットの草創期では，ARPANet, USENET, CSNET, NSFNETといったアメリカのネットワークが相互接続し，このどれかに別のネットワークが接続するというかたちで発展してきた。

ARPANetができて数年後から，イギリス，ノルウェー，ソ連が接続を始めて，インターネットは急速に世界的なネットワークとなっていった。しかし，日本がインターネットに接続するようになったのは，ARPANetが誕生してから20年も後のことだった。

日本のインターネットの歴史は，日本の「ミスター・インターネット」と呼ばれる村井純の研究歴といっても過言ではない。村井が東京工業大学の助手時代に，出身校である慶應義塾大学と東京工業大学および東京大学の間でファイル転送を行うためにJUNET（Japanese University Net）というネットワークを作ったのが最初である。

(b) アルファベットのみのインターネット

私たちがインターネットで最もよく使うサービスのひとつは電子メールであろう。電子メールが発明されたのは1971年であるが，実は1993年までは，電子メールに日本語を使うことは事実上不可能であった。インターネットはアルファベットといくつかの記号だけが通信できるように設計してあり，英語以外の言語による通信は技術的に不可能であった。草創期のインターネットで使われていたコンピュータ用のOS[1]はUNIXであり，このOSはそもそも日本語を通信させるどころか，ディスプレイに表示させることさえできなかった。

今日私たちがインターネットで自由に日本語を使うことができるのは，当時の日本の技術者たちの努力の賜物である。インターネットは，学術目的で広まったものであるため，それを利用する人は研究者や技術者が主であった。日本人であっても当然英語だけで文章をやりとりすることには慣れていると考えられていた。それゆえ，日本の技術者たちもこのインターネット通信で日本語を

表4-1 インターネット略史

年	内容
1969	**ARPANet 誕生** カリフォルニア大学ロサンゼルス校・スタンフォード研究所・カリフォルニア大学サンタバーバラ校・ユタ大学が世界で始めてコンピュータによるパケット通信実験に成功する。
1969	ベル研究所のケン・トンプソンが UNIX を開発
1971	電子メール誕生 Bolt Beranek & Newman社のレイ・トムリンスンが電子メールプログラムを発明
1973	インターネットの国際接続 イギリスのロンドンカレッジ大学，ノルウェーの王立レーダー施設が ARPANet に接続
1978	東芝，日本初のワードプロセッサＪＷ-10を開発
1979	USENET 開始 デューク大学とノースカロライナ大学を接続した，ARPANet とは異なるコンピュータネットワークが稼動を開始
1981	CSNET開始 ARPANet に接続されていないいくつかの大学が相互接続し，CSNET を開始
1983	ARPANet と CSNET 相互接続 二つのネットワークが相互接続。個々のネットワークがネットワークの作成を開始
1984	日本，JUNET 実験開始
1986	NSFNET 誕生 USENET と NSFNET が相互接続し，NSFNET は今後，アメリカのバックボーンとして利用される。
1989	**日本のインターネット元年** 日本が当時のアメリカのバックボーンである NSFNET に接続し，コンピュータ通信が初めて太平洋を越えた
1991	WWW 発明 CERN のディム・バーナース・リーが WWW の仕組みを発明
1993	日本語電子メール解禁 電子メールのタイトルに日本語が使える RFC1468 が提唱された
1993	Windows 3.1 出荷 パソコンの急激普及の原因となった
1993	NCSA, ホームページ閲覧ソフトである Mosaic をリリース ホームページが一般に認知され，インターネットブームの火付け役となった
1994	インターネット自由化 多くの商用ネットワークが普及したため，NSFNET がプロジェクトを終了インターネットは完全に自由なネットワークになった
1995	Windows95 発売 一般ユーザーがインターネットの使用を開始

やりとりするということは考えていなかったようである。村井は以下のように述べている。

> コンピュータネットワークというのは研究者のためのネットワークだ、研究者は英語が読み書きできるから、英語だけが使えればよいと思っていた。コンピュータでのことばは全部英語にしてしまえというくらいに、私自身が思っていたのです[2]。

まず、日本人技術者らは国際会議等で強く主張し、アルファベット以外の文字を扱える基本的な仕組みを ISO（国際標準化機構）に認めさせ、それが基となり 1978 年コンピュータで初めて漢字が扱えるようになった。さらに、インターネット通信においても、OS やソフトウェアがこの英語以外の情報を正しく処理できるようにと、村井をはじめとする日本の技術者たちが勇気をもって懸命に説得した。こういった努力の結果、1993 年、ようやく日本語で書かれたメールが通信できるようになったのである。実際には、UNIX で日本語を表示させる仕組み、電子メールソフト、さらには日本語フォント自体も作成しなければならなかった[3]。

こういった日本語を扱うための基本技術や努力が、後のアジア圏文字の扱いの標準を作ったといってもよい。英語以外の言語をコンピュータでうまく扱うための世界統一規格ができたときも、日本人が提案し、考案したこれらの技術は、日本語以外の言語にも有効であり、中国語、韓国語のインターネット化に多大な貢献をしたのである。

(2) デジタル・ディバイドと英語

(a) ウェブページ[4]を構成する言語

日本語をインターネットで通信できるようになったのが 1993 年であり、今日までわずかしか経過していない。この時期に世界中の多くの技術者が文字の国際化の努力を行い、現在では、日本をはじめ、いろいろな国が英語以外の言語で電子メールを交換したり、ウェブページ[4]を作ることができるようになった。そして、今日、あらゆる情報を、いろいろな国のことばでウェブページから収集することができる。まだまだ多くはゴミのようなものかもしれないが、しかし、やがてそれが 21 世紀の図書館になることは明白である。この図書館に収められた情報の言語比は今後の世界の発展に大変重要な意味を持っている

と考えられる。

　ウェブページを構成している言語がどれくらいの割合になっているかは，全文検索エンジンを使えば実際に調べることができる。たとえば，Google[5] を使って，イラクまたは Iraq という文字を含むウェブページを調べると図 4 - 1 のような結果が得られる。

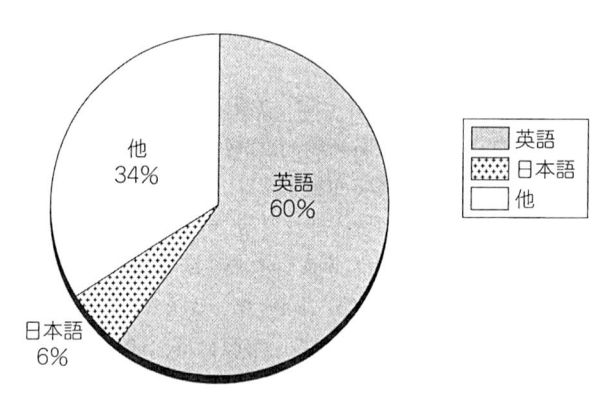

図 4 - 1　ウェブを構成する言語比　（イラクまたは Iraq を含むウェブページ）

　日本のインターネット接続はアメリカに遅れること 20 年，イギリスに遅れること 16 年であり，日本がインターネットに接続した 1989 年にはすでに 10 万台を超えるコンピュータが欧米でつながっていた。WWW が発明されたのは 1991 年であり，インターネットの歴史の中では新しい方であるが，必然的に WWW での情報発信も英語圏が圧倒的に優勢であった。図 4 - 1 からもわかるように，現在でも多くのウェブページが英語で書かれているのである。より網羅的に行われた調査では，ウェブ上のコンテンツに使用されている言語の割合は，1 位が英語で 68.4 ％，2 位が日本語で 5.9 ％であるという報告もある[6]。この情報量の差は，図書館を例にとってみればわかりやすいかもしれない。たとえば，筆者が勤務している大学の図書館は，地上 2 階，地下 2 階の計 4 階建てであり，2002 年 3 月末の数値で 19 万 6769 冊が蔵書されている。この図書館を WWW に喩えると，図書館の 2 階から地下 1 階までがすべて英語で書かれた図書で埋め尽くされ，日本語の本はたった 1 万 1,609 冊，地下 2 階の薄暗い 1 室の壁面ひとつ分ぐらいにしかすぎないことになる。私たち日本人が，世界中の情報をこの図書館から得るとしたら，日本語で書かれた書籍だけでは圧倒的に情報が少なく，重要な情報の多くは英語書籍の中から探さねばならないこ

とは自明である。

(b) 英語の技術情報の重要性

　インターネットにつながっているコンピュータにはいろいろな種類があり，その上で動いている OS も多種多様である。これら異なる機種や OS 間で確実に情報を交換しあうためには，多くの世界共通の約束事が必要になる。インターネットにおける共通事項をまとめた文書を RFC（Request for Comments）と呼んでいる。RFC の全文はウェブページで閲覧することができる[7]。RFC は 2004 年 2 月現在，3728 番まで登録されており，膨大な量の文書になっている。技術者がコンピュータシステムを設計したり，ソフトウェアを開発する際には，この RFC を参考にし，ここに書かれている規格に厳密に従う必要がある。もちろん RFC は英語がオリジナルであり，この英語を読み解く力が技術者に求められている。

　インターネットに限らず，IT 業界では，多くの技術がはやりアメリカ産である。私たちが普段使っている OS は，Windows であれ，Macintosh であれ，全部アメリカで開発されたものである。IT 業界は，端的にいえば，ほとんどすべて，これらアメリカ産の技術の上で動いているといえよう。したがって，コンピュータやネットワークに関する技術情報はほとんどすべて英語で書かれている。本当に必要な情報，新しい技術に関する情報は，英語でしか書かれていないのである。IT 業界に関していえば，スピードが速いことが特徴である。すばやく技術を吸収し，応用していく必要がある。その点では，技術者は翻訳書が出るのを待ってはいられない。早くても通常 1 年近く遅れてしまう。日本がアメリカに比べ IT 化が遅れているといわれているのは，この翻訳にかかる時間の影響も無視できないであろう。日本の技術者全員が，不自由なく英語を読めるわけではないからである。

(c) デジタル・ディバイドとイングリッシュ・ディバイド

　デジタル・ディバイド（情報格差）ということばが一般に認知され始めたのは，2000 年の先進国首脳会議[8]からであろう。「デジタル・ディバイド」とは，コンピュータやインターネットといった情報機器・情報環境を使いこなせる人がより多くの情報・知識を得，仕事の内容や質を変えより多くの富を得ていくのに対し，使いこなせない人は，逆に時代に乗り遅れ貧困になっていくという格差をさすことばである。まだインターネットが普及し始めて数年しか経てい

ないため，この格差が生む利益差はそれほど顕著になってはいないし，反論も出ているが，無視することはできない。

　この首脳会議では先進国と発展途上国との間のデジタル・ディバイドが主な問題として取り上げられた。しかし，私たち日本人にとって最も重要であり，解消しなければならないものは，英語圏と非英語圏による情報格差であろう。これをイングリッシュ・ディバイド（英語格差）ともいう。つまり，英語でのコミュニケーションや情報収集可能な人と，そうでない人では明らかに得られる情報量と質が異なるという点である。単にインターネットにつながりましたというだけで，日本が発展途上国よりも有利な立場だと思っているようでは，やがて逆に日本がイングリッシュ・ディバイドによる悪影響を受けてしまうおそれがある。先に紹介したウェブページの言語比を見てもわかるように全体の68.4％が英語であるし，ITによってグローバリゼーションが加速し，ますます英語の重要性が増している実情を考えると，英語を使わない日本人のままでは，いずれ日本は世界のトップ水準から蹴落とされてしまう日がやってくる可能性がある。

(3) IT 大国韓国と英語

(a) IT化に成功した国，韓国

　日本のインターネットの普及は進んでいるように思われるが，各国ごとの人口に対するインターネット普及率のデータを実際に目にすると驚く人が多い。図4-2は2003年における世界のインターネット普及率[9]である。なんと日本は世界第21位である。アジアの中ですら，日本は，香港と韓国に負けている。なぜ経済および技術大国であることを自認してきた日本でこれほどまでにインターネット普及率が低いのであろうか。実は，上位の国々のほとんどが英語を話す国民が多い国々である。北欧諸国は英語を母語としないが，日本に比べると英語の浸透度は高い。したがって，このデータから，英語を話す国のインターネット普及率が高いことがわかる。

　このように非英語圏が不利な状況で，健闘している国が韓国である。表4-2を見ていただきたい。韓国のインターネット普及率は世界10位，ブロードバンドの普及率では世界1位である。日本が得意とする携帯電話の世界でも，第二世代のインターネット接続型携帯電話では日本より劣るものの，CDMA方式の第三世代携帯電話の加入者数は日本の倍以上で，世界1位である。韓国は

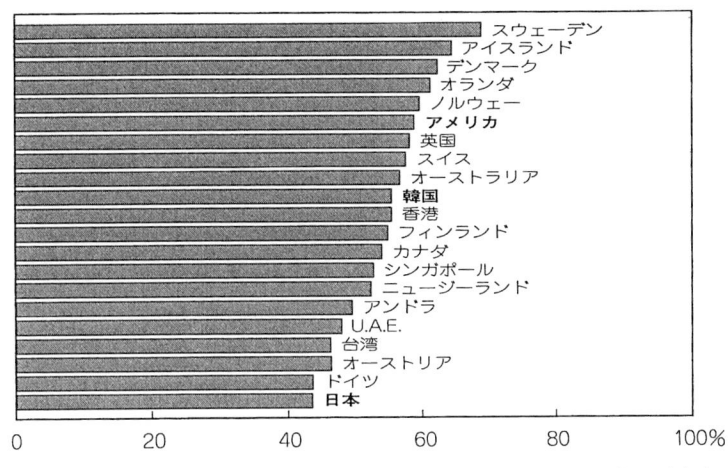

図4-2 対人口比で見る世界のインターネット普及率（トップ21位）[10]
インターネット白書2003©Access Media / impress, 2003

表4-2 インターネット関連の世界ランキング[11]

項目	日本	アメリカ	韓国
インターネット普及率（2003年）	21	6	10
ブロードバンド普及率（2002年）	10	9	1
携帯インターネット普及率（2002年）	1	10	2

IT化に成功した国として有名であり，ITに関していえば，日本は完全に韓国に先を越されたといっても過言ではない。もし英語情報取得の不足がIT化に悪影響を与えるのであれば，韓国が英語力において日本に優るか，あるいはそれを補う何か別の要因を持っているということになる。

(b) CYBER KOREA 21

韓国がIT国家として成功したのは，CYBER KOREA 21という国家的プロジェクトがあったことが一因である。日本でももちろん，e-Japan構想を打ち立て，世界一のIT国家をめざしているが，韓国ほど庶民にインターネットが浸透していないように思われる。なぜ，韓国ではこれほどすばやく浸透したのであろうか。実際に行った政策の違いによる理由はいくつか考えられるが，大学

第4章 身近な英語のいろいろ 107

でIT関連の授業を担当する筆者の韓国人の友人によると，国民性と住宅事情が，韓国のインターネット普及率に大きく関わっている。

日本は決断が大変遅い国であると彼女はいう。何を実行するにも綿密な計画と準備をする国であり，非常に用意周到であり，ミスを絶対に犯さない体制になっている。一度動き出すと非常にうまくいく。しかし，その一方，動き出すまでが異常なほど遅い。だから，ITのような急激に変わる技術に国をあげて取り組むことが難しいのではないかと思われる。韓国にも「石橋を叩いて渡る」という意味のことばがある。よく韓国の技術者が「日本人は，石橋を叩きながら，さらにその上にコンクリートをひきながら渡っている」といって笑い話にするほどであるという。一方，韓国人は決断と行動が大変早い。いわば「猪突猛進型」の国民性である。それゆえ，大統領の一言で国家が大きくスピーディに変わるのである。

また，韓国には高層マンションが多い。これがブロードバンド普及率世界一になった要因のひとつである。一軒家のブロードバンド化は，一軒一軒の判断による。しかし，マンションならば一度に何十世帯も同時にインターネットに高速接続することが可能であるし，数年前から建設されるマンションにはインターネット回線が当たり前のように引かれているという。韓国のマンションでは，家電用のコンセントと同じ感覚で，インターネットの口（情報コンセント）を備えている。

余談であるが，彼女は，最近，生鮮食品以外は全部ネットで買い物をしているという。日本ではネット販売はまだまだ主流ではない。靴までネットで買っているそうであるが，どうやら，身に着けるものはネットで買うと失敗することがある。そんな彼女とスーパーに生鮮食品を買いに行ったら，支払いは当然クレジットカードであった。最近は現金を使っていないという。韓国のIT化は着実に人びとの生活を変えている。

(c) 韓国の英語教育事情

IT化と英語の関係はどうであろうか。技術者の英語レベルは日本よりも進んでいるのであろうか。韓国の金大中前大統領は英語教育強化論者であり，実際韓国の英語教育は日本より白熱している。たとえば，子どもに英語を学ばせるために母と子が留学してしまい，韓国に取り残される「雁パパ」という社会現象が見られるという。2002年のロサンゼルス・タイムズで紹介された「舌を切る」という記事は[12]，韓国の英語熱をよく示している。日本人もそうで

あるが，韓国人の多くもLとRの発音が上手ではない。舌を長くすればそれが正しく発音できると信じた韓国人の一部の母親たちが，子どもの舌の一部を手術で切るということをやったのだ。このように韓国では英語が大変重要視されており，英語ができることが，韓国の社会での就職や出世に大きく影響を及ぼしている。韓国がIT化に成功した裏には，このような英語に対する熱意も要因のひとつとしてあったに違いない。

しかし，一方，IT化の成功を英語能力だけで語るわけにはいかない。たしかに日本人の英語能力は韓国人よりも劣るかもしれないが，それだけが日本がIT化に遅れをとっている原因ではない。韓国のIT化にとっては，むしろ国家の方針や政治のやり方が日本のように悠長に構えていないことが重要であった。日本もIT国家として世界に君臨するためには，英語能力の向上だけでなく，すばやい実効性のある改革が必要である。

おわりに —— 世界最先端のIT国家をめざして

2001年1月22日に策定された「e-Japan戦略」には，「我が国が5年以内に世界最先端のIT国家となることをめざす」とあるが[13]，実際には2003年の段階で，先ほども述べたように，日本のインターネット普及率は世界21位にとどまっている[14]。さらに悪いことに，世界競争力ランキングは11位，ブロードバンド普及率は10位[15]というように，経済状況やインフラの整備もまだまだ世界最先端に程遠いように思われる。たしかにブロードバンドや，新型携帯電話の勧誘が町のあちこちで行われ，光ファイバーが一般家庭でも利用できる環境も整い，住民基本台帳ネットワークシステムが稼動をはじめ，地上波デジタル放送もはじまり，IT革命の波が私たちの生活をまさに変えようとしているように見える。しかし，これだけでは，従来から日本が成功してきたようなインフラ整備だけで終わってしまう可能性もある。インフラの整備のみにとどまらず，インターネットを通じた情報発信とコミュニケーションに力を入れないと，世界最先端になることはできないであろう。

ITはコミュニケーションの方法を大きく変えた。世界のどこに住む人であろうと，全世界に向けて自らの意見を述べることができるようになった。だからこそ，いっそう，世界共通語としての英語の重要性が増している。e-Japan戦略では，情報リテラシーの向上を目標として「インターネット時代にますます重要となる英語教育を充実させる」ことが掲げられた。ますます多くの世界

の人びとが英語を使って，インターネットを通じてコミュニケーションをしている。日本人である私たちもこの世界のコミュニティに英語を使って積極的に自己表現をしていく必要がある。膨大な英語のウェブページから情報を収集し，日本が生み出した新しい技術やアイデア，あるいは日本の文化や思想をも英語で全世界の人びとへ発信していくことが大切なのである。これこそ日本が最先端の IT 国家になるために必要不可欠なことである。

2 ジャーナリズムに見る英語

山岡清二

はじめに

英語がほぼあらゆる分野で「地球語」としての役割を手中にし，なおもその勢いを強めている現実は，もはや誰にも否定することができない。その点，ジャーナリズムの世界も例外ではない。

ここではまず前半で，マスメディアにおける情報伝達手段としての英語の優位性を概観する。「情報」というジャーナリズムの商品が英語で消費（読んだり聴いたり視聴したり）される確率が，20世紀中葉以降目立って高くなっていることも重要だが，英語がニュースの「素材」として使われている確率はそれ以上に上がっているといわれる。

しかしそれにもまして，ここで筆者が特別の問題意識を持って調査・分析したいと考えているのは，日本という非英語圏のジャーナリズムにおける英語の位置と役割である。ここでは日本語を母語とするジャーナリストがどのように英語と取り組んでいるかを，できる限り具体的に追究してみたい。後半では，第1に日本語を報道言語とする日本の報道機関における英語，そして第二に英語による報道を行う日本駐在の外国報道機関の活動を主要な関心事としたい。

(1)「国際語」の現状

母語の異なる複数民族の間のコミュニケーションに用いられる言語を，一般に国際語という。それぞれの母語を尊重しながら，その橋渡しをするというのが国際語の理想であるが，現実には有力民族の言語が「国際語」として支配的な力を持ち，弱小民族は不本意ながらもこれに従うというのが歴史の常である。

どの言語が国際語になるかは，政治，経済，文化の諸条件による。ヨーロッパでは18世紀までラテン語，その後外交用語としてフランス語が台頭したが，第一次世界大戦前後からはその地位を英語に譲った。その結果，21世紀に入

った現在も，英語圏の国民はその母語が通商，学術，報道，インターネット通信のための国際語として広く使われているため，他国民には得られない多大の便益を享受している。

ある言語が国際語になる要件としては，その話者が持つ力，なかでも抜群の軍事力，そして傑出した経済力の二つが最重要であろう[1]。インターネット上では英語がほとんど「ひとり勝ち」の様相を見せているなど，現状では，特に西側先進世界において，英語が事実上の準国際語になっているといえよう。

(2) 国際ジャーナリズムにおける英語の優位

(a) 英語圏で新聞が発達，通信社も英語本位[2]

ある新聞の特徴を最大限に表す要素として，編集・発行に用いられている言語を忘れてはならない。新聞の発生以来の約400年間を振り返ると，まず17世紀初め，ヨーロッパ大陸の一部で新聞の原形のようなものが発行されていたが，検閲や課税，戦争といったマイナス要因がその成長を阻んだ。それに対しイギリスの発展の方がはるかに大きく，それにやや遅れてアメリカでも新聞の創刊が見られた。

19世紀に新しい印刷技術の導入，新しい大量生産および運搬手段の到来により，英米の新聞が画期的な躍進を遂げた。特にアメリカでは1850年までに400もの日刊紙が生まれ，1900年には2000紙近くに増えた。欧州大陸では検閲などが続いたため，欧米全体の英語以外による大衆向け報道の歩みはずっと遅かった。

アメリカの *New York Herald*（1833），*New York Tribune*（1841），イギリスの *Daily Mail*（1896）など扇情主義新聞は巨大な発行部数を達成し，非英語圏とは著しい対照をなした。これに加えて，ニュースの取材方法としての通信社の発展が，英語の認知度をさらに高めていった。

19世紀半ばには主要な通信社数社が誕生し，特に通信の発明後には目覚ましい発展を見せた。P・J・ロイター[3]は最初の事務所をドイツのアーヘンに置いたが，まもなくロンドンに移転（1851年），自分の名前を冠した通信社業務を開始した。1856年にはニューヨーク連合通信社が生まれ，その後AP通信社（Associated Press）へと発展するが，すでにこの時点で，世界の電信網を通じて流されるニュースの大半は，英語によるという姿が定着していたといえよう。

2000年現在，世界の140以上の国に通信社があるが，このうち世界的な規模を持つ「国際通信社」はAP（米），ロイター（英），AFP（仏，Agence France-Presse＝フランス通信社）の3社である。これら3大通信社がニュースの配信に使っている主要言語は，APとロイターが英語，AFPはフランス語とされているが，AFPもフランス語圏以外へのサービスでは英語だけ，または仏・独・スペイン語との併用を行っているという。

　新聞のほとんどは国内向けであり，その国のことばで発行されているから，新聞のページ数や発行部数の統計資料だけでは，英語のもつ力を正確に測定することができない。しかし『ブリタニカ百科事典』が1994年に収集したデータによると，世界の新聞の約3分の1は英語が特別有利に扱われている国で発行されていることから，それらの大多数は英語で書かれたものと推測できるであろう。

　主観的な評価ということになるが，*Book of Lists*（1977）[4]（『リストの本』1977年版）が掲載した「世界で最も影響力の大きい新聞」のトップ5は，すべて英語の新聞だった。1位から並べると，*The New York Times, The Washington Post, The Wall Street Journal*（以上米国），*The Times, The Sunday Times*（以上英国）。ほかに「重要」と形容されたのは，全世界の読者を対象に発行されている英字紙 *International Herald Tribune, The Guardian, International Edition* などであった。

（b）各国通信社の英語依存傾向

　ジャーナリズムにおける英語の有用性は，英字新聞や英文雑誌の種類・発行部数・読者数，英語放送（ラジオ・テレビ）局の数・放送時間の総量などが，他言語使用のメディアを上回っているだけにとどまらない。とりわけ前項で触れた「取材言語」としての英語，とりわけ国際通信社から配信される「ニュースの元原稿」の大半が，英語で書かれているという事実が大きい。

　3大通信社のうちAPの配信言語をもう少し詳しく見ていくと，APの広報資料には主要な使用言語として英語，ドイツ語，オランダ語，フランス語，スペイン語の5種類があげられている。しかしサービスを受ける顧客（新聞社・放送局など）を言語別に分類すると，英語が群を抜いているという。上の5言語を含む，使用言語すべてによる1日平均の出稿量は約2000万語にも及ぶ。

　ちなみに筆者はインターネットでブラウズしながら，世界各国の代表的通信社が電子版ニュース速報に英語を使っているかどうかを調べてみた[5]。調査対

象は原則として1ヵ国につき1通信社であるが，アドレスが明記されておらずニュース速報を呼び出せない場合は対象から外した。(なお，これはあくまで推測になるが，英語のニュース速報を出していない通信社は，新聞・放送に対するニュース配信サービスでも英語を使っていない公算が大きいと考えられる。)

その結果，英語によるニュース速報を行っていないのは，153ヵ国中わずか22ヵ国（約14.38%）という数字が出た。これら22ヵ国を以下に列記して，いくつかの問題点を指摘しておきたい。

① 代表的通信社が英語によるニュース速報を行っていない国
- 中東・北アフリカ（1ヵ国）＝モーリタニア（国営モーリタニア通信／AMI）
- アフリカ（4ヵ国）＝ジブチ（ジブチ通信／ADJI），コートジボアール（AIP），セネガル（国営セネガル通信／APS），ブルキナファソ（ブルキナ通信／AIB）
- 中南米（5ヵ国）＝メキシコ（国営メキシコ通信／Notemex），グアテマラ（Inforpress Controamericana），アルゼンチン（国営通信 TELAM），ブラジル（Argencia Globo），ボリビア（ABI）
- 欧州（12ヵ国）＝オランダ（オランダ通信／ANP），オーストリア（オーストリア通信），スイス（Swiss News Agency），スペイン（EFE），ポルトガル（LUSA），リヒテンシュタイン（Presse und Informationsant ＝ Press and Information Office），スウェーデン（スウェーデン通信／TT），ノルウェー（ノルウェー通信／NTB），フィンランド（STT），ポーランド（国営ポーランド通信／PAP），ラトビア（LETA通信），エストニア（バルト通信／BNS）

② 例外的な旧仏領4ヵ国
アフリカでは46ヵ国が列挙されているうち，通信社が英語と無関係に操業している国は4ヵ国（約8.7%）にすぎない。この4ヵ国はいずれも旧フランス植民地で，国内共通語がフランス語であるほか，対外的にもフランスとの関係が突出しており，当面英語の必要性は切迫していないものと推測される。

③ ラテン系は外国語が苦手（？）
17ヵ国がリストアップされている中南米では，5ヵ国（29.41%）の通信社が英語を使っていない。これは「欧州」の項目に出てくるスペイン，ポルトガルの両国とも共通する「外国語下手」という，ラテン系民族の特徴を暗示しているように思えるのだが，どうだろうか。

筆者はかつて数多くの国際会議に通訳者として参加した経験があるが，スペ

イン，ポルトガル，イタリア，それにラテン・アメリカ諸国の人たちの「英語下手」に手を焼いたことが何度もある。

④ 現地語ができるから英語配信は不要

意外なのは欧州である。このリストにはスペイン，ポルトガル，東欧諸国を除けば，英語がよく通じる国々ばかりが並んでいる。

東京駐在のヨーロッパ人特派員らに尋ねてみると，本来英語配信を本業としている大手通信社（ロイター，AP，AFPなど）はもとより米英の有力紙から派遣されている欧州駐在記者たちは，英語以外のヨーロッパ言語に習熟しているため，わざわざ現地のニュースを英語にした通信社サービスを必要としていない。国民の英語習熟度が高い欧州諸国に英語による通信社サービスがなくても不思議はない，と説明された。

（c）北欧4ヵ国協力の英語通信社事業

（b）① のリストを見ると，英語習熟度の高さでは定評のある北欧4ヵ国のうちデンマークを除く3ヵ国が「通信社の英語配信がない国」に分類されている。デンマークの「リツァウス通信社（RB = Ritzaus Bureau）」を調べていて，驚くべきことが判明した。デンマーク，フィンランド，スウェーデン，ノルウェーの4ヵ国は，それぞれの通信社が協力して，Nordic News（北欧ニュース）という名の英語による通信社サービスを展開しているのである。

この事業の能力は各国通信社が1日平均15本，4社で60本の記事を出稿している。編集方針としては，顧客が北欧地域に不案内でも熟知していても役立つような報道を心がけている，と広報資料は述べている。ニュース・論評の内容は主として政治，商工業，主な地域ニュース，欧州連合（EU），国際社会における北欧諸国などである。

取材は午前8時から午後4時（中央欧州標準時）までであるが，必要に応じて夕刻，週末，休日でもニュースの総括などで補足が行われる。記者，編集者はすべて北欧諸言語に通暁した英語を母語とするジャーナリストであり，「北欧地域を代表する質の高いジャーナリズムを提供できる」としている。

この通信社の特徴は，4つの国籍の異なる通信社が対等の立場で共同事業体制を組み上げ，それぞれの国内向け通信社機能に別の対外国際機能を加え，しかしこの対外部門を独立させて社屋を構えるなどをあえてやらなかったことであろう。北欧という言語的，地理的特殊性の強い地域を背景に，通信社として

の専門性を追求しながら，ニュース原稿を英語に置き換えて国際性を加え，付加価値を乗せるという事業を，多国籍で推進しているのである。営利性の報告がないので確言はできないが，日本における類似の試み（英字新聞各紙，共同通信社国際局による英文サービス，全国紙による電子版ニュース速報の英語版など）が参考にできるところは多いのではないか。

(d)「アルジャジーラ」の英語版

1996年，カタールのハマド首長が約1億4000万ドルを出資し，大幅にプレスの自由を認めるテレビ局アルジャジーラ（Al-Jazeera＝「半島」の意）を開局した。退屈な「官製報道」ばかりのアラブ圏で独立した「事実報道」を行い，約4000万人の視聴者をかかえる。「中東のCNN」の異名で中東全域に取材網を持ち，アラブ問題を得意にしている。スタッフにはアラビア語番組を持つ英BBCの出身者が多い。

このユニークなテレビ局が2003年3月24日，従来アラビア語に限られていた電子版ニュース速報に英語版サイトのページを新設した。第1号記事の中で，"We provide a starkly different view on the war with Iraq than that offered by many Western media outlets." （イラク戦争に関して多くの西側メディアとはまったく違った見方を提供する）と宣言している。映像はともかくニュース原稿に関しては，アラビア語のままではアラブ圏外への影響力は限られていた。それだけにニュース速報に英語版を設けたことで，同局が国際社会への影響力ばかりか取材力でもさらなる飛躍を約束されたことは確かである。

(3) 日本のジャーナリズムにおける英語の役割と重要性

(a) 外信部——大手活字メディアの外電受信部門

多種多様なニュースを扱う日本の一般紙は，発行エリアによって全国紙と地方紙に大別されている。全国紙は全国規模で配布される新聞のことで，朝日，読売，毎日，日本経済，産経の5紙がこれに該当する。これ以外の一般紙は地方紙と呼ばれ，これはさらにブロック紙（北海道，西日本，中日の3紙），県紙（各県が配布単位となっている約50種），地域紙に細分される。

これら邦字一般紙のうち，英語で取材または配信された国際ニュース記事を日本語に直して積極的に掲載する新聞は，全国紙，ブロック紙，県紙であり，その種の記事作成を部分的にでも「自前」で行うべく，自社特派員を擁してい

るのは全国紙，ブロック紙，少数の県紙までである。

　外電を扱う邦字紙は，直接契約か国内通信社（共同または時事）経由の間接契約かはともかく，3大国際通信社から配信される英文電報に大きく依存している点で，競争紙または他紙とまったく同じ，あるいは大同小異の記事を掲載する確率がきわめて高い。英文で書かれた特定の「AP電」なり「ロイター電」は，通信社か大手新聞社の外信部（社によっては外報部，国際部）で日本文に翻訳されて邦字紙に載る。

　世界の動きをキャッチする上で質量ともに最大の役割を演じているのは，国際通信社が時々刻々発信する国際ニュース原稿であり，それは原則として英語で書かれている。したがってそれを受ける部門で，翻訳をベースにした編集活動にたずさわっている人たちが，「英語を駆使する日本人ジャーナリスト」の代表例になる。

　では，そういう職業人はどれくらいいるのだろうか。各社とも部門別の社員数を公開しているわけではない。しかしこの部門では日本で最大といわれる共同通信社の外信部は，2002年末現在，部長以下46人の陣容であることがわかった。これを基に時事通信社，全国紙5紙，ブロック紙3紙，NHKといったところの外信部員を平均30人と仮定すれば，「外電の翻訳を中心とした国際報道業務に従事している日本のジャーナリスト」は350人から400人程度と推計される。

　共同通信[6]における外信部のあり方について，かつてそのデスク，ワシントン特派員・支局長，国際局長，常務理事を歴任した金子敦郎氏が書いた文章を，参考資料として引用しておきたい。

> 共同通信外信部は「外電の問屋」と呼ばれ，外信サービスは共同通信の「売り物」となった。二十四時間，休みなく入電する外電を瞬時に読みこなし，迅速に翻訳して加盟社，契約社に送り込む。また「眼光紙背に徹して」，そのニュースの背後にある国際情勢を読みとる。外信部のデスク，記者は誇り高き専門職で，エリート集団として社内に君臨した[7]。

(b) 海外取材網——増え続けてきた特派員，フィーチャー重視傾向

　国際通信社の英文原稿を頼りにする一方で，自社特派員が書いた記事を尊重する気風はどこのメディアにも共通しており，通常上記の外信部が海外特派員の出身母体になっている。共同通信の人事統計によると，やはり2002年末現

在で海外1総局38支局に114人の特派員，11ヵ所に12人の通信員を常駐させている。

　全国紙の海外取材拠点は朝日が5総局24支局，読売が4総局30支局，毎日が4総局20支局，日経が3総局31支局，産経が1総局15支局となっている[8]。

　日本人特派員が集中的に駐在している外国の都市を並べると，2000年2月現在，最も多いのはニューヨークで73人，次いでワシントンが66人，ロンドンが58人となっている。25人以上が駐在する都市はこのほか，北京（39人），バンコク（32人），モスクワ（31人），ソウル（28人），パリ（27人）。1社あたりの特派員数では，朝日がニューヨークとワシントンで最も多く6人ずつ，読売はロンドンが最多で7人，ニューヨークは6人といった体制である[9]。

　ちなみに共同通信はニューヨーク，ワシントンに各11人，ソウル，バンコクに各7人，ロンドンに6人，北京，ジャカルタに各5人を置いている。

　「自社原稿」を尊重するといっても，日本の報道機関が世界中の主要都市にくまなく特派員を配置することは経済的にも不可能である。また事件や事故といった「発生ものニュース」，記者会見などの「発表ものニュース」などは，テレビやインターネットで，しばしば新聞よりも速く読者に伝えられるので，人手の不足がちな新聞社の海外支局ではそれらのニュースをおおむね通信社に任せて，フィーチャー記事（ニュース以外の特別記事，特集，小論文，エッセイなど締め切りを前提としないもの）に特派員の的を絞らせる傾向が強くなってきたようである。いずれにしても，報道各社が派遣する海外特派員の総数は戦後一貫して増え続けているという。

(c) 海外特派員にとっての英語
　　　——共同通信・宮坂ワシントン特派員の場合

　「英語を使って仕事をしている日本人ジャーナリスト」の一方の代表格が「外信部記者」であるとすれば，その変種といえなくもないスター記者は「海外特派員」である。筆者は特派員，特に英語圏に駐在する特派員の仕事に占める英語の重要性について，現在共同通信のワシントン特派員を務めている宮坂宜男氏[10]に4項目の質問をしてみた。以下に同氏の回答を縮約版で採録した。

① ワシントン特派員の仕事のなかで，**英語が占めるウェイトはどれほど大きいのか**。
　　宮坂氏＝英語をいかに正しい，わかりやすい，日本語に訳せるかということが重要になる。日本語の表現力，基本的な知識の問題と思う。（たとえば日

本語に訳しにくい英語というのが少なくない。Initiative であるとか，イラクで米兵が連日殺害されていることについて聞かれたブッシュ大統領の発言「Bring them on, かかって来い」など，なかなか辞書だけでは適訳を探すのが難しい。）

ただし日常的な仕事，取材の場では英語の記事を読み，英語のテレビを聴き，英語で会話をしてという米国人記者がやっているのと同じことが要求される。ワシントンでの日本人記者の理想としては「日本語できちんと記事が書けて，かつ，ある程度新聞を読める英語力と取材ができるレベルの会話力がある」ということに尽きると思う。

② 「使える英語」をどうやって習得するのか。

宮坂氏＝最近は高校や大学時代に米国に留学していたというような記者も増えている。若い時に短くても英語社会で生活できたら最も理想的だ。ワシントンに赴任すれば英語を習得するというようなことを考えている暇はなく，独自に取材をするなら英語を使わざるをえない。主要紙を丹念に読み，テレビのニュースを見て，記者会見に出席してという日常の基本的な取材を通して徐々に慣れていくしかない。

③ 国際ジャーナリズムにおける英語，④ 国際共通語としての英語についてコメントをお願いしたい。

宮坂氏＝国際社会における将来の英語の役割というのは，米国が国際社会で占める地位と相関関係にあるのではないかと思う。冷戦終結後の米国は経済，軍事上，唯一の超大国としての地位を不動のものとしつつあり，当面米国の国力が揺らぐということは予想できない。したがって，米の国力に裏づけられた英語の影響力は，拡大することはあっても縮小はしないのではないか。

(4) 日本駐在の外国報道機関

昨今，「発信型」コミュニケーションが強調される日本の英語教育であるが，この国をめぐる情報の輸出入は絶望的ともいえるような入超である。評論家の倉田保雄氏は「ニュース貿易の実態にスポットを当ててみると，日本のニュース産業は毎日平均 60 万語のニュースを輸入しておきながら，輸出はせいぜい 5 万語程度で，まったくお話にならない」[11]と指摘している。

しかし日本に関する主なニュースは，確実に海外へ伝達されている。それは

日本の報道機関ではなく，国際通信社をはじめとする諸外国の日本駐在特派員・報道機関によって，主として英語で報道されているのである。

東京をベースに外国向けの取材・報道活動をしているジャーナリストは，原則として東京・有楽町の（社）日本外国特派員協会（Foreign Correspondents' Club of Japan）に入り，① regular（正会員）または ② professional journalist associate（ジャーナリスト準会員）となっている。2003年6月現在，その数は①が約340人，②は約140人，計約480人。人種別，国籍別の統計はないが，同協会事務局の話では，この人たちの中で一番多いのは日本人，米国人，韓国人の順だという。また南米，アフリカからの特派員は当面1人もいない。

筆者自身，かつてワシントン・ポスト紙東京支局の日本人記者としてこのクラブに属し，日本のニュースを英語で対外発信していた経験からいうと，日本語から英語への移し変えにこの仕事の最大のポイントがあると思われる。翻訳には違いないが，「直訳」調だとアメリカ人読者には理解してもらえない。読者におもねりすぎると，記事の真意がゆがんでしまう，といったジレンマは，20年以上経った今も忘れられない。

おわりに

英語の習得が特に日本の国際ジャーナリストにとって焦眉の急であることは，本稿でも明らかにできたと思うが，気になるのはマスメディアに加わったが最後，多忙を理由に英語を学ぶ機会がほとんど与えられない現実である。大手メディアは有望な若手人材には2年ほどの有給休暇を認めるようにしないと，激化の一途をたどる今後の生存競争に勝ち残れないのではあるまいか。日本の本格的メディア企業にとって，まっとうに英語を使える記者は何人いても邪魔にならないばかりか，社業の発展に今後ますます貢献するはずなのである。

メディアの主役を長く演じた日刊新聞の退潮が著しい。世界新聞協会（World Association of Newspapers）によると，1995年から2003年の間に新聞発行部数はアメリカで5％，ヨーロッパで3％，日本で2％の減少を記録した。ちなみに1960年代にはアメリカ人の80％が毎日，新聞を読んでいたのに対し，現在は50％に落ちているという。この傾向が続けば，「2040年4月には新聞そのものが消滅する」（新聞学者P. マイヤー）と予想する向きさえある。新聞に代わるとされるインターネットなどのニューメディアでも，英語の優位は圧倒的だ。ただしオールドメディアに比べて，使用される英語は多様化している。

3 福祉を考える英語
—— What's Inclusion?

平田幸宏

はじめに

法務省入国管理局によると，2002年度末の在日外国人（外国人登録者）の総数は185万1758人にのぼっている。前年度比で4.1％，10年前に比して実に44.5％の増加となっており，今後も経済的なグローバリゼーションの進展，より具体的には諸外国との自由貿易協定（FTA）の締結などによって，ますます増えていくことが予想される。出身国は183ヵ国にわたるが，外国人登録者が最も多い出身国は韓国・朝鮮であり，在日外国人の3割以上を占めている。これに，中国（22.9％），ブラジル（14.5％），フィリピン（9.1％），ペルー（2.8％），そしてアメリカ（2.6％）が続いている[1]。日本人は海外に出て行くまでもなく，多文化共生社会に生きているのである。

この実態に対応するために，いくつもの自治体が日本語以外のホームページを開設し，在留外国人のより健やかな生活支援に努めている。たとえば，神奈川県横浜市では，市役所ホームページを日本語と英語の2ヵ国語で開設していることに加え，英語，中国語，韓国語，スペイン語，ポルトガル語の5ヵ国語によるGuide to Living in Yokohama（横浜の暮らし方）を提供している。大阪府のホームページも，日本語，英語，中国語，そして韓国語の4ヵ国語で読むことができる。また，横浜市立の保育所では，多くの外国籍の幼児が保育されている。

在日外国人のうち，英語を母語とする人の割合は全体の1割にも満たず，日本語を母語とする人はもちろんいない。当然のことながら，あとの9割以上の外国人が用いるすべての母語に対応することは不可能である。しかし，相手の母語が何であれ，外国人とのコミュニケーションに英語を活用することができれば，彼らに対する支援の可能性が広がるだけでなく，さまざまな関わりを通じて私たちも貴重な体験をし，喜びを感じることができるはずである。

以上のような現状を見ると，わが国の保育・教育・福祉の対象として，在日

の外国籍の人びとが数多く含まれるようになっている。このように，日本における福祉を考える場合，私たちは国際社会における福祉を考える視点を持たなければならないことがわかる。英語ということばは，海外において活用するべき言語というだけではなく，日本国内においても，十分に重要な働きをするのである。本稿では，このような日本社会の国際性を意識し，よりよい福祉活動に不可欠な基本的概念を明らかにすることを，目的のひとつとする。

　さて，福祉の分野では，目の前の利用者に対してどのようなサービスを提供するかといった技術論に終始しがちである。しかしながら，よりよいサービスを提供する背景には，さまざまな変遷をたどってきた理念の歴史が存在していることを忘れてはならない。これらの理念は，世界的規模での流れの中に存在し，共通言語であるところの英語によって語られている。したがって，このような英語の用語の理念を知ることにより，福祉に関する感性を研ぎ澄ますことの重要性も合わせて示したい。

　ところで，保育・教育・福祉に関心を持つ読者が英語の文献にあたると，normalization, mainstreaming, integration, inclusion といった単語に出会う。これらは，カタカナ表記により，日本語として定着しているものであるが，いざその違いを説明するとなるとなかなか難しいようである。保育・教育，また福祉を広く考える際に，これらは往々にしてその基本的理念を表しているため，用語の背景にある理念を理解しながら用いていく必要があろう。ここでは，これらの基本的用語についてその理念を整理しながら，国際社会，日本における，新しい発想の理解を促そうとするものである。

(1)「はじめに分離 (segregation) ありき」の発想から

(a) Normalization（常態化）

　日本語では一般に，「ノーマライゼイション」または「ノーマリゼイション」という表現で用いられている。あえて訳すならば，「常態化」が適当であろう。すなわち，"normal" である状態に戻すことを意味している。福祉の対象となる人びとに，すべての人が持つ通常の生活を送る権利を可能な限り保障することを目標に社会福祉を進めることを，その主たる内容としている。このことばには，高齢者を含めた特別なニーズを持つ人びと（一般に，「障害者」と表現される）が，たとえば街の郊外などの人里離れた施設に入所させられている状態などを abnormal と考え，むしろ街中に健常者に混じって暮らしているのが normalであるという意味があり，本来はそうした人たちができる限り健常者に近い生活を送れるように条件を整える必要性を強調する考え方である。要するに今まで，いわば社会の外に置くことが常識であった特別なニーズを持つ人たちを，社会の中に呼び戻そうとする運動の理念なのである。

わが国で「ノーマライゼーション」ということばが文献等に初めてみられるようになったのは，おそらく1970年代であるが，そのルーツは，デンマークの知的障害者福祉の取り組みから生まれた，バンク＝ミケルセン（Neils E. Bank-Mikkelsen）が提唱した理念にさかのぼる[2]。

ノーマライゼーションの原理をアメリカに普及させたヴォルフェンスベルガー（Wolf Wolfensberger）は，この原理の勝手な解釈や誤用の多さから，1983年にノーマライゼーション原理の本質を示す概念としてソーシャル・ロール・バロリゼーション（social role valorization）を提唱している。どんなに優れた教育や指導が行われても，隔離された場での特別なニーズを持つ人びとは，社会的参加という意味において不十分さが残るものであるとし，ノーマライゼーションを目標としてではなく，手段にも用いる理論的展開を示している[3]。

ヴォルフェンスベルガーも指摘しているように，「北欧型ノーマライゼーション」とは，「質の高い施設福祉」という伝統の延長線上に位置するものであった。バンク＝ミケルセンやニーリエ（Bengt Nirje）に代表される北欧における初期のノーマライゼーションは，施設サービスのノーマル化をめざしたものであった[4]。そこでは，「『社会防衛的隔離型施設』から『保護福祉型施設』への移行」[5]が企てられ，主に施設内生活のQOL（Quality of Life）の改善が目標に据えられた。それは，脱施設化や自立生活運動，あるいは反専門職運動といった考えとは本質的に相反するものである。初期の北欧型ノーマライゼーションとは，一定限度の「分離処遇」（segregation）を不可欠としていたが，これが批判されるようになるのは1970年代に入ってからである。それらの批判は，アメリカを中心に起こった「反専門職主義」者らの唱えるソーシャルワーカー批判と連関するものであった。こうした新しい潮流を受けたノーマライゼーションは，自立生活を最善のものとし，地域生活を中心とした在宅福祉を根拠づける理念へと変化していき，その概念は再構成されていく。そこで，脱施設化や自立生活運動，あるいは反専門職運動と対立していたはずの北欧型ノーマライゼーションは，いわば「逆輸入」のかたちでアメリカ型のノーマライゼーションの影響下に置かれることになったのである。

以上のような意味でノーマライゼーションということばが使われるのが通例

となってきているのが現状であり，この使い方自体に問題があるわけではない。ただし，このことばは，最初は，知的障害者（精神遅滞，ダウン症，自閉症などの障害を持つ人たち）を対象として使われはじめたことばであるということを理解しておく必要があろう。

(b) Mainstreaming（主流化）

「メインストリーミング」とは，端的にいえば，「亜流から本流に」押し上げることである。あえて訳せば，「主流化」ということができよう。マジョリティ（majority 多数派）とマイノリティ（minority 少数派）の存在を前提とし，主流であるマジョリティに亜流であるマイノリティを巻き込んでいこうとするものである。この用語は，教育・福祉の領域のみならず，世界的レベルでの貧困削減のための開発援助において，中心的な理念として用いられることも多い。また，Gender Mainstreaming（ジェンダー・メインストリーミング）という表現で，ジェンダーの視点から男女ともに同じ利益を得られるよう修正を図るといった用いられ方も多い。マジョリティとマイノリティを前提とする考え方から，特にアメリカにおいて，人種間のさまざまな問題を解決していこうとする取り組みにおいても，このメインストリーミングの発想を導入している。

メインストリーミングは，特に保育・教育の分野で具体的なかたちとして用いられている。とくに，特別な教育的ニーズを持つ幼児・児童・生徒が固定学級（特別支援学級）に在籍しながら，部分的に普通学級で指導を受ける機会をさす場合が多い。固定学級の教師は，普通学級の中で障害のある生徒の個別教育計画に沿った目標や目的を達成する責任を有していることとなる。教育に人権をメインストリーミングするとは，「人権というものの見方が，教育に関するすべての政策に，あらゆる水準で，あらゆる段階で組み込まれるように，教育のプロセスを（再）構築し，改善し，発展させ，評価すること」を意味しているのである[6]。

(c) Integration（統合化）

一般に，統合化と訳される。特別なニーズを持つ人びとを隔離せず，一般社会で共に学び，生活していこうとする福祉・教育の理念である。

かつて，特別なニーズのある人びと（障害を持つ人びと）は，社会から排除され，隔離されていた。1950年代から60年代にかけて盛んになるアメリカの公民権運動，そして北欧から始まったノーマライゼーションの動き，これまで

差別され排除されていた少数者が，多数者中心の社会のあり方に異議を唱えた歴史上きわめて重要なできごとであった。これらの運動が共通してめざしたのは，排除されていた少数者の人権の尊重と，社会への「統合（インテグレート）」であった。これがインテグレーション（integration）である。その線上に，「完全参加と平等」をテーマとする国際障害者年があった。

インテグレーションは社会のあらゆる場面で追求されるものであるが，現在，狭義では，学校教育における統合をさす場合が多い。特別な支援を必要とする子どもが，通常の学級で学ぶこと，それが統合教育である。しかし，とかく場の統合のみが重視され，通常学級に参加することをまず第一に求める傾向が一時期見られた。このような個別的な支援の手立てを用意しない単なる場の統合は，「投げ捨て（dumping）」として批判されるようになった。1975年のアメリカの全障害児教育法は，「最も制約の少ない環境での教育」，すなわち統合教育の追求と個別の教育計画（IEP）による個別的対応の追求という，両方の側面からの最適化を義務づけるものであった。

イギリスでも1981年の教育法以来，障害種別による分類を廃して，個々の子どもの「特別な教育的ニーズ（Special Educational Needs: SEN）」という概念を導入して，統合された環境での適切な教育をめざしてきている。

こうした経過の中で，インテグレーションは障害と非障害に分ける二元論であるとの批判が提起され，それに代わる概念として登場したのがインクルージョン（inclusion）である。学校や地域社会で，個々の必要性に応じた支援の手立てを用意しつつ包み込む（include）というインクルージョンの方向性は，国連やユネスコによって支持され，「サラマンカ声明」（1994年）によっても確認されている。インテグレーションからインクルージョンへの転換は，21世紀の重要課題となるであろう。

以上のように，これらの三つの思想は現状を分離された状態（segregation）として捉え，この分離状態に異論を唱えるところからスタートしている点で共通している。すなわち，「はじめに分離ありき」との現状認識である。分離されているマイノリティを，「異なるもの」とし，いかにしてマジョリティであるところの多数派に同化させるかということになる。異なるものから同なるものへの同化の試みである。

ところで，これらの三つの用語の使い分けについて悩むことが多いが，上記のように根底にある思想は大きく異ならないため，雑駁な言い方をすれば英語の方言のようなものと理解して差し支えないであろう。たとえば，normalization にしても，もともとは北欧の施設分離主義へのアンチテーゼとしてスタートしているが，この思想が北アメリカにわたってさらに発展した内容を持つようになった経緯がある。ポイントは，「はじめに分離ありき」からの出発である点を理解すべきである。

(2) そして包括 (inclusion) へ

(a) Inclusion とは

「インクルージョン (inclusion)」という用語は，元来，教育界を中心として近年で急速に広がってきた概念である。そして現在，教育界にとどまらず世界的規模で福祉の分野でもインクルージョン体制づくりに向けて急速に動きつつある。これは，インテグレーション (integration) やメインストリーミング (mainstreaming) を通してのノーマライゼーション (normalization) の実現といった方向性の集大成ともいえる実践論理と考えることもできるが，むしろ現状を分離状態と考えず，まったく新しい発想として理解することが適切である。この意味では，インクルージョンを一元化として捉え，従来の三つの思想を二元化と捉えることが多い。

インクルージョンは1980年代後半からアメリカの教育界で用いられ始めているが，この思想の中では，教育的にも物理的にも，社会的にも主流の外には誰も残さず，特別なニーズを持つ人びとの人間関係や社会性の向上，さらに地域社会への広がりに視点を置いている。「統合教育 (integration)」が特別な教育的ニーズを持った子どもたちを「普通教育の場に入れる」というその行為自体に焦点を当てていたのに対し，インクルージョンでは，真の意味での「参加 (participation)」と「仲間としての受け入れ (membership)」にその焦点を当てている。したがってインクルージョンでは，子どもが十分に参加するために必要なサポートを提供したり，子どもが持つニーズにあうように環境の中に工夫を加えたりしながら，可能な限り一緒の場で，すべての子どもが仲間として，充実した生活を満喫できるように創造性豊かな取り組みが展開される。

インクルージョンが今までの概念と大きく異なる点は，「通常の場ですべての子どもたちに必要な special educational needs (特別な教育的ニーズ) に対応する援助がある教育システム」という点である。インクルージョンの概念では，特別な教育的ニーズを持つ子どもたちのみならず，特に今の日本の教育現場から考察してみても，学習障害児 (LD)，不登校児，いじめる子，逆にいじめら

れる子，学習の遅れがある子，また逆に高機能自閉症などの知的には標準以上の子どもなども含まれることが，これまでの考え方と大きく異なる点である。このことは，ノーマライゼーションの理念から一歩進んだ，ユニバーサルデザインの理念への変換とも関連していると考えられる。

　このように，インクルージョンは教育界を中心に広がってきたが，福祉の分野においても同様に取り組みがなされつつある。しかし，そのためには社会体制や国家構造そのものの改編と連動せざるを得ないといった関係上，具体的実現には困難な点が数多く存在していることも否めまい。

　広義での統合教育については，「最大限通常の教育組織で」とともに定義の重要部分である，特別なニーズに応じた「適切な教育」が欠落したまま運動が進められたところに誤りがあった。定義の上では，従来の統合教育とほとんど変わらないかに見えるインクルージョン教育が，統合教育と決定的に違う点は，子どもを障害のない子どもとある子どもに分けた上でその統合を進めようとする発想ではなく，子どもは一人ひとり個性を有する存在であり，一人ひとり違うのが当たり前であることを前提として，すべての子どもを包み込む教育システム（education for all）の中で，一人ひとりの特別なニーズに応じた教育援助を考えることにある。

　ところで，アメリカにおける障害児教育に関する法律（The Education for the Handicapped Act: EHA，現在は改正されて Individuals with Disabilities Education Act: IDEA）の中では，「インクルージョン」ということばそのものは使われていないものの，特別な支援を要する子どもの教育的措置を考えるときにインクルージョンを"第一の選択肢"として捉えることを強くサポートする，「最も制限の少ない環境」（Least Restrictive Environment: LRE）という考え方が提唱されている。この用語が実際にどういう環境を意味するかということは一つの議論の的でもあるが，法律の中では「現在特別な支援を要する子どもがもしもその障害を持たなかった場合，最も適切であると考えられたであろう環境」と説明されている。「特別なニーズを持たなかった場合に入ったであろう環境」，つまりは「通常学級」を指し示していると多くの場合解釈されている。そしてこの IDEA という法律により，3～5歳および学齢児に対して，可能な限り特別な支援を要する子どもたちと一緒の場における教育を提供することが各州に義務づけられている。

(b) 多文化共生社会におけるインクルージョン

　このように見てくると,インクルージョンのキーワードとして,「地域」が浮かび上がってこよう。地域の子どもたちは地域で保育・教育を受け,また,地域に住む特別な支援を必要とする人びともまた,その地域の中で支援のサービスを受けるということである。現在,日本の福祉行政でも,在宅もしくは大規模な施設入所型の福祉から,地域の中でのグループホームの利用という方向に変化している。すなわち,地域の人びとはすべからく地域の中に包み込まれるということである。

　多文化共生社会におけるインクルージョンには,福祉の対象として日本語を母語とする利用者のみならず,在日の外国籍の人びとも含まれることは論を待たない。前述のように,福祉の分野においては,大別すると,福祉サービスの直接対象となる利用者に対するケアワークと,利用者の家族に対するサポート,また,介護保険などの公的扶助の利用に関するケアワークの2種類がある。これらは共に,互いの信頼関係をベースとして,誤解のないコミュニケーションスキルによって支えられているといってよいであろう。保育所を利用している外国籍の幼児に対する保育は,ケアワークであり,幼児の保護者に対するさまざまな援助がケースワークである。日本語によるコミュニケーションが難しい場合に,担任の保育者は,利用者の母語について学習を行い,あわせて出身国の生活習慣などに関する情報を得る努力を行っている。これらの努力により,地域の一員として最大限の支援を行うことが可能となっている。

　このように考えてくると,保育・教育,また,福祉の分野においても,本来の意味でのインクルージョンをめざすためには,世界的共通言語であるところの英語を中心としてのコミュニケーションスキルが求められている。福祉の基本は,信頼関係である。この信頼関係を支えているものこそ,誤解を生まないコミュニケーションスキルなのである。

おわりに

　本稿では,「障害」ということばをできるだけ他の表現に置き換えた表記を心がけた。英語の文献に見られる,impairment（傷害）,disability（不可能）,handicap（不利益）の区別が重要であるのに,日本語ではそれらがすべて"障害"と訳されている。しかし,たとえばアメリカのカリフォルニア州では,learning handicap の中に LD のほかに,高機能自閉症（知的には標準以上の児

童・生徒で自閉症状を持つ者）などの知能優秀児も含めている。このような例から見ると，handicap を障害と訳すのは適切ではない。また，障害者・児の用語で表される人びとのことを，困難なことが立ちはだかっても勇気を持ってそれに立ち向かう人びとという意味合いをこめて，challenged（挑戦者）と呼んだり，a person with special needs（特別なニーズを持つ人）と考えるようになっている。

　地域に住む人びとには，内容と程度の差こそあれ，それぞれに必要とするニーズを持っている。保育・教育・福祉の中で英語を考える際に今最も必要とされるのは，誰でもがそれぞれに支援を必要とする個であり，程度の差こそあれhandicap を持っていることを基本に，障害をマイノリティとしてくくるのではなく，インクルージョンの理念に裏打ちされた"障害"に替わる新しい日本語を探そうと努力することではなかろうか。この新しい日本語探しを行うにあたって，英語で語られてきた福祉理念の歴史的変遷を正確に理解しておくことこそが不可欠なのである。あわせて，現代の日本のような多文化共生社会において，福祉の対象となる利用者はさまざまな国籍文化を持つ人びとも含まれ，個に応じた最大の福祉サービスの提供を行うために，国際語である英語によるコミュニケーションもまた，必要不可欠となっていることを認識しなくてはならないのである。

4 子どもたちと英語
―― 「おとぎの国の英語」から「生きている英語」への可能性を探る　　森　眞理

はじめに

もし，親として考えるならば，やはり幼児期の時から英語に触れさせたいと思いました。英語が必要な時代になるので。(国際社会学科2年)

幼児期に英語を学ぶことはやはりとても重要なことだと思う。幼児期に遊び感覚で英語を身につけていれば，大きくなってから学ぶ時にすーっと英語が入ってくるのではないだろうか。英語教育の低年齢化が進んでいるが，私は賛成だ。(人間科学科3年)

自分が親の立場であったら，やはり英語を幼児期から学ばせてあげたいです。それは，自分ができなかったことを子どもに託すという意図を含みます。(人間福祉学科1年)[1]

これらは，2003年度後期に東洋英和女学院大学で総合講座として開講された「人間と社会Ⅵ（World of English）」受講生の声からの抜粋である。この日，筆者は専門領域である幼児教育の立場から幼児と英語との関係について「幼児はすぐに英語を習得できるか」「日英バイリンガルの子どもは日本語と英語を50：50で使いこなせるか」といった問題を提起して授業を行った。上記は，授業の最後に「『幼児期に英語』に対して思うことを自由に書いてください」という筆者の問いかけに対する，授業のフィードバックとしての声である。

声の中には，「幼児期は日本人としての日本語が大切」「英語よりも幼い子どもと心をつなぐことがまず大切では」「両方のことばで混乱を招くこともあるのではないか」といった懸念を表す人もいた。しかし，総じて「幼児期に英語に触れること」に対して肯定的であり，「できれば楽しく遊び感覚で学ばせたい」をはじめとした，何らかのかたちでの英語体験を幼い頃からさせたい，という声が，近い将来母親になるかもしれないという意識を持つ人を含む200人

あまりの受講生のほとんどであった。

さらに，こうした幼い頃からの英語に対する肯定的な姿勢を支持する一例としてあげられるのが，国の学校教育への姿勢，すなわち文部科学省の方針である。現在，小学校では教科としてではなく，「総合的な学習の時間」の中で，国際理解教育の一環としての英会話の取り組みが普及している。2004年2月19日付の朝日新聞の一面では「文部科学省は，小学校で英語を教科として教えることを本格的に検討する方針を固めた」と，英語教育に対してより積極的な姿勢を強めたことも報道されている。教科として英語が小学校教育に導入されるのであれば，幼児期に英語を導入する幼稚園や保育所はますます増加してくるだろう。というのも，最近は，「幼保小の学びの連続性や連携」を強化する取り組みが現場ではなされており，その中で「英語」の取り扱いについても討議される可能性が十分考えられるからである[2]。

ここでは，日本人であり日本語を母語としている子ども，特に幼児をめぐる英語のあり方について，幼児の英語に関わる生活環境の実情や問題点を明らかにしつつ，これからの取り組みについて検討したいと思う。

(1)「おとぎの国」としての幼児を取り巻く英語環境

(a)「子どもの声」不在の「おとぎの国」の英語

「幼児期が英語習得のチャンス！」
「自分のこと，どんどん英語でいえるよ！ レッスンはいつも英語でいっぱい！」
「○○（英会話教室名）で，ペラペーラ」[3]

日本全国，と一般化はできないが，筆者が住む東京都23区内，および勤務地である横浜市では，少なくとも1ヵ月に1回は新聞の紙面広告や折込みチラシの中で，またテレビのコマーシャルや駅の看板から，上記のような文言で「幼児に英語」への誘いが目に入ってくる。中には，0歳から対象にしている英会話教室や英語教材もあり，「とりかかりが早い方がよい」という先取りした方が勝ちと思わせるような魅力いっぱいのメッセージが送られてくる。

今，筆者の手元にある10数種類の広告。「マンツーマン」「先生は外国人（ということは英語が母語ではない人もいるということ？と筆者はつぶやいてしまう），アシスタントは日本人」「ドラマメソッド」「ホームレッスン」「発音がネイテ

ィブ・スピーカーのように」等，それぞれの独自性を出して英語の学びへと幼児を誘っているのである。目を通していると，ある共通性に気がつく。それは，英語教室の内容と方向性に関することである。

　まず，目につくのが「楽しい」「遊び」「ゲーム」といった表記である。一見すると，いかにも幼児の興味や関心に応えた発達にふさわしい内容であるように思われる。しかしながら，幼児が本当に「楽しい」と思っているのか，英語教室で展開されている「ゲーム」はおもしろいといっているのか，また「遊び」として捉えているのかは知る由もないのである。というのは，こうした広告には子どもの「声」が不在なのである。中には，「ゲームを通した楽しい遊び」として英語の時間を捉える子どももいるかもしれない。保護者の声として「上達が早いのでびっくりしています」「楽しそうに遊んでいます」と子どもの声を代弁しているような錯覚を与えるものもあるが，子どもが何をもって「楽しい」「遊び」「ゲーム」と捉えているのかは残念ながら，広告から見いだすことは難しいのである。

　加えて気づかされることは，英語を幼児が学ぶことは，どのような人間の形成を見据えているのか，日常のどういう体験と相通ずるのか見えてこない。すなわち，目的が見えてこないことが多いのである。ある教室のチラシには，「早期に西洋文化に触れさせる」（西洋文化は英語だけではないでしょう！とここでまた，筆者は叫んでしまう），「国連職員やスチュワーデス（今，この名称は使われていませんね）……，国際的に活躍している卒業生がたくさんいます！」とあるが，「それで？子どもの日常生活とどのような関連性があるのか」と問題提起したところで，それはまったくナンセンスな問いであることに気づくだけである。というのも，子どもの日常生活と英語体験との連続性や関連性について語られることがないからである。

　こうしたことは，筆者にディズニーランドやピューロランドといったテーマパーク，すなわち「おとぎの国」の存在を彷彿させる。「楽しい，ハッピーな気分を味わえる世界」「たくさんのゲーム感覚の遊びに満ち溢れている世界」である。そして，何よりも，こうした「おとぎの国」と「幼児向けの英語教室や教材」の共通点は，「おとぎの国」の中だけで完結する物語であって，いったんおとぎの国を離れると，その後どうなっていくのかはシナリオに存在せず，関係のないことなのである。年齢を重ねることもなく，「発達」ということばがまったくふさわしくない楽しい夢を運ぶミッキーマウスやハローキティ（〇〇周年と祝うが，その容姿が変わることはない）のように，英語教室の中では，

楽しい（？）英語の世界が広がるが，一歩教室を出ると物語はおしまいである。英語という魔法の効き目は「おとぎの世界」の中だけを自覚しなさいというメッセージである。

　こうしてみると，英語教室や英語教材における英語には生活が見えてこない，というより，生活とは切り離されていることを自覚することが大切なことであることに気づくであろう。子ども不在のおとぎの国の中だけで有効な「お楽しみ」時間としての英語であると捉えなさいということなのである。

　このことは，子どもの声に耳を傾けてみるとよくわかる。近年，幼稚園（保育所）においても，ネイティブの英語講師がほぼ週1回の割合で園に来て，英語活動の時間を持つところが増えている。こうした導入をしている園の教師（それが一人ではなく数名である）が苦笑いしながら語ってくれたことは，子どもの中から英語の時間が終わると，「ねえ，もう遊んでもいい？」との声が教師にかかるというのである。子どもの声は，子どもにとって生活としての遊びとおとぎの国の中での遊びをしっかりと区別する能力を持ち合わせており，遊ぶことと遊ばされることの違いを自らの体験から気づいているということではないだろうか。

(b)「おとぎの国」の英語体験者の声

　英語教室の多くが，「おとぎの国」として完結していることは，10数年前に幼児としてこうした「おとぎの国」を訪れた，本稿冒頭で述べた授業受講生の声からも明らかにされる。

> 私は，幼児期から小学校中学年に英語教室に通っていた。すっごく楽しかったけれども，中学以降の英語の成績にはつながりませんでした。動物や食べ物の名前とか，簡単な英文を覚えているくらいだったので。（人間科学科1年）

> 幼稚園で週に1回，小学校のときも英会話教室に通っていましたが，まったく身についていないのです。自分自身楽しくなく強制的なものでした。（人間福祉学科4年）

> 幼い頃から通っていたけれど，覚えていることばがappleだけだったりして役に立ったとはいえない気がする。（国際社会学科4年）

> 私は子どもの頃から多くの習い事をさせられた。書道・珠算・絵画・英語である。

第4章　身近な英語のいろいろ　133

どれ一つとって，現在の自分の仕事，またはアイデンティティーになっているものはない。英語に関していえば，家に帰れば日本語しか必要としない人びとに囲まれて英語など話せずとも何の支障もない。自分から進んで学びたかったわけでもないので，ちょっぴり異文化に触れたのみである。(人間科学科4年)

　受講生のほとんどが，幼児期に何らかのかたちで英語体験をすることに対して肯定的であった。しかしながら，自分の体験を振り返って語ると，そこには幼児期の英語体験と今の生活との連続性が見られないことが明らかになるのである。
　幼児期からの英語に対して，「悪影響では」「日本語がおかしくなるのでは」といったことを心配する声も耳にする。しかしながら，「週1回ではまったく身につかなかった」という学生の体験からの声が示すように，日本の子どもの英語は，「通常の日本の環境では，週に1度くらいやっても，毎日数分やっても，意味があるとは思えない」[4]という程度のものにしかすぎないであろう。ある研究者たちも，幼児期に2ヵ国語を同時に習得することに関して，「国内で一般に行われている英語学習では，マイナスの影響はほとんど考えられない。……バイリンガリズムの研究でしばしば問題（筆者注：日本語が乱れることや文法に支障をきたすこと）になるようなことが起こるほどには，わが国の英語教育は徹底していないことを意味しているのかもしれない」[5]と論じている。
　幼児期からの英語は，「おとぎの国」を遊び感覚で楽しもう，ということであれば，満足を得られるかもしれない。ただし，それには時間とお金というコストがかかるということを自覚した上ですることである。日常生活への見返りを多く期待せず，"apple"を覚えるために英語教室に1ヵ月7,000〜9,000円の月謝を払うという投資をしていることを覚悟し，また幼稚園や保育所ではその保育料に含まれているということを自覚して，学生が語るように「ちょっぴり異文化に触れる」ことを楽しみにすることが大前提である。ディズニーランドもピューロランドもお金を払って「おとぎの世界」を楽しむように。とにかく，「おとぎの国」を遊びという魔法にかかった感覚で楽しみたい，というのであれば，どしどし英語の世界を訪れることが得策であろう。

(2) バイリンガルへの道

　私は，国際結婚をし，外国に住み，ハーフを生むのが夢で，生まれた子どもには

夫には英語，私とは日本語で会話させたい。（国際社会学科2年）

私は，将来できれば海外で仕事をする男性と結婚したい。生まれた子どもは絶対にアメリカンスクールに入れたい。そうすれば，子どもは，バイリンガルになることもできるだろう。（国際社会学科1年）

今は，街を歩いてもよく国際結婚している夫婦を見る。私も自分の子どもには小さい頃から英語を習わせてバイリンガルにしたいと思う。（人間科学科2年）

「日本語と英語が話せるバイリンガル。」母語のみのモノリンガルよりも，2ヵ国語を操るバイリンガルにあこがれるのは，上記の学生のみではないだろう。一つより，二つの言語となればそれだけ言語や文化世界も拡がりを見せることであろうし，将来，英語を母語とする諸外国の人と関わる際，通訳を介せずに話せたら，直接的なコミュニケーションがとれた，という成就感や達成感を得られるかもしれない。

「おとぎの国」の英語環境では，幼児が英語を日常生活の中で意味をなすほどに使うことにはならないことが，学生の体験からも明らかにされている。それでは，どの道を歩けば，「おとぎの国」にとどまらないでバイリンガルの国に通じるのであろうか。巷では，「幼児期から英語圏で生活体験をすれば，英語が身につく」，「外国でも子どもは大人に比べてあっという間に英語を覚える」といったことがあちこちで聞かれる。果たして，どのくらい真実性があるのだろうか。海外で生活するだけで英語習得となりうるのだろうか。

筆者は，こうした論議の中にも「子どもが不在」であることをしばしば見いだす。子どもをひとくくりで語ってしまい，子どもとは「誰なのか」，子どもの顔が見えてこないのである。子どもの年齢，性格や気質，社会階層，英語に対する家庭環境（価値観），必要性，社会文化背景といったことが覆われてしまっているのである。

子どものバイリンガルの研究をアメリカの大学付属幼稚園で行った内田伸子は，永住者，就労や留学といった長短期間の滞在をする親に連れられてアメリカに渡ってきた子どもの英語習得がいかに容易ではないかを明らかにした[6]。3歳頃に渡米して現地の小学校に通う子どもたちの発音や聞き取り能力は，英語を母語とするネイティブ・スピーカーに劣らないほどであるが，語彙，冠詞，文章の接続，といった規則に関する習熟度は低いというのである。内田は，親

はわが子の発音がネイティブ・スピーカー並みなので、文法に関して有意に劣ることが見えにくくなってしまっていることを指摘している。要するに、子どもが現地滞在で「英語を覚える」というのは、実は現地の人の発音を覚えるということであり、英語を「理解する」ためには、英語の環境に「自然に」いるだけでは難しいということであろう。内田は、バイリンガルへの道は険しく、英語圏という、また別の種類の「おとぎの国」にいるだけでは、バイリンガルにはなりえないことを明らかにしているのである。

また、中島和子は、言語心理学者ジム・カミンズの研究を土台にして、バイリンガルといっても、英語と日本語を50：50の割合で習得することはきわめて難しいことを明らかにしている[7]。カミンズは、幼児期にカナダに移住した日本人の子どもの母語がしっかりと形成されていないことを示して、第二言語の習得が困難であることを明らかにした。それは、二つのことばの土台は、見えないところでは一つであるという説である（「二言語相互依存説」）。したがって、土台をしっかりしておかないと、発音は両語ともにネイティブ・スピーカーに近くなるが、読み書き能力においては、どちらの言語も中途半端という一般にセミリンガルといわれる状態に陥る可能性が高くなると論じたのである。英語圏で生活しているからといって、同時進行的に50：50のバイリンガルとして形成されていく可能性は非常に低いのである。

> 私の隣に住んでいる人は、幼児期にアメリカに住んでいましたが、まったく英語が話せないまま日本に帰ってきたそうです。だから、英語圏にいればペラペラになると決めつけるのもよくないと思いました。（人間科学科2年）

この学生の声は、まさに、英語習得には、場所を変えたというだけの魔法がきかないことを端的に表しているであろう。

(3)「生きている英語」になる可能性は？

> 私が将来、親になったら、子どもに英語を習得させたいと思います。なぜなら、今はもちろん国際化の時代ということがあります。（人間福祉学科3年）

> これからの国際社会を生きていく上で、英語を話せることは不可欠であるから、自分の子どもにはそれに困らないようにしてあげたいです。（国際社会学科4年）

今日われわれは、「国際化」や「国際化の時代」ということばを、上記した学生のことばを借りるまでもなく、日常的に見聞きしている。文部科学省の「国際理解教育」が推進され、「世界の平和と人類の福祉に貢献する」道徳性を育成することが子どもたちの「豊かな心」を育むために欠かせないこととして提示されている。もともと、「国際理解教育」とは子ども一人ひとりが、世界、そして社会の中の大切な一員として受け入れられることにより、相手を尊重する態度やコミュニケーションの力を育んでいくことを主旨とするものであろう。しかしながら、「国際理解教育」は、小学校における「総合的な学習」における「英会話や英語の学び」いった一律的な横並びのものとなっているため、「国際化」＝「英語」という等式が幼児の生活にも影響を及ぼしているように筆者には映るのである。

　英語を通して、子どもは新しい世界を知り、自分の生活圏についての気づきを得られるであろう。ことばの響きのおもしろさに触れることにもなる。しかしながら、「おとぎの国」の英語環境や幼稚園や保育所における、apple, dog, cat, yellow といった単語、や "How do you do? My name is …" といった、幼児が生活の中で頻繁に使わないような簡単な会話の反復、まさに「海外ツアー」としての英語環境が「国際理解」への育成になるのか、はなはだ疑問なのである。かといって、幼稚園や保育所に足を踏み入れてみると、英語は「不必要」と否定するまでもなく、子どもの生活に入り込んでいることも否定できない。

　「これ、うちがゲット！」（ドッジボールでの場面での5歳児）
　「ねえ、そのイエローとって」（4歳児女児が黄色のクレヨンを指して）
　「ノー、それつかわないでよ」（5歳児日本人同士での積み木をめぐってのやりとり）

　子どもがどの程度、「英語」と認識して使っているのかはわからない。ただし、ことばが使われている文脈に適合した使い方がされていた、ということである。こうした単語の使用を英語の学びや国際理解教育と捉えることが意味のないことは自明である。それでも、上記の子どものことばは、かなりの部分で今の日本の子どもの生活において英語が氾濫しているということを端的に示している。

　それでは、英語を「おとぎの国」の夢物語としてとどまることなく、「生きている」ことばとして、多くの人とコミュニケーションという呼吸をしあえる手段として子どもの生活に位置づけることは可能なのであろうか。それを可能

にするカギは,「生きた英語体験の環境づくり」と「子どもに耳を傾けてみること」ではないだろうか。

　2年前,英語を母語とするアメリカ人の大学院のW教授とともに,広島のある保育園を訪れたときのことである。2月のある日,朝からどんよりとした雲が空一面に広がっていた。5歳児の保育室で子どもたちと一緒に給食をとっていた最中に,チラチラと雪が降り始めた。「あっ！　ゆき」の声が保育室のあちらこちらで,目をまんまるくした子どもたちからこぼれた。W教授に「雪が降り始めたことを伝えたい！」と思った一人の男児が「ねえっ！　ゆき！」と声をかけた。W教授は,「？」と首をかしげる。すると同じテーブルのほかの子どもたちも,身をのりだして「ゆきだよ！」「ゆきがふってるよ！」と一生懸命にW教授に伝えようとした。"YUKI?"と発音するW教授。「そうそう,ゆきだよ」と応える子どもたち。それでも,「何だろう」と釈然としないW教授の表情を見て取った別のテーブルにいた男児が,W教授の肩をやさしくポンポンと叩き,窓の外を指差し,手をひらひらさせて雪が降る様子を見せたのである。すると,W教授から"Oh! Snow"と一言こぼれたのである。すかさず,そのことばを聞いていた子どもたちから「スノウ」の声が発せられ,「ゆき」と"snow"の掛け合いとなった。「ゆき」と"snow"が実体験を持って結びついたW教授はもとより,子どもたちも「通じた！」という嬉しい体験を共有できた喜びから,両者は笑顔でいっぱいとなった。それからは,子どもがその日の給食であった「うどん」を指差すと,W教授が"udon noodle"と応え,「いちご」には"strawberry"といったやりとりが始まったのである。それからは,「私の名前は……」といった紹介や「これは好きですか？」といった構文まで飛び出すに至ったのである。保育室は,W教授が一方的に英語を子どもたちに教える英語教室ではなく,子どももW教授に日本語を教えるという両通行の学び合いの場となったのである。子どもたちは実体験に基づいた英語学習をし,国と国との関わりとしての国際理解教育が達成されたと捉えることができるのではないだろうか。まさに,英語が「生きて」いたのである。

おわりに

　内田は,子どもの学びについて次のように論じている[8]。

　　乳幼児期の学習の本質は,自分から本当にやろうとしないと自分の力にはならな

い点にある。関心領域は子どもによって異なる。個人差を無視してなにかを学習させようとしても無理である。しかし，自分で関心を持ったことはあっという間に習得してしまうのである。

　幼児が広い世界と会い，英語ということばに触れたとき，子どもの「知りたい」「不思議だなあ」といった学びへの探究心や創造性といった子どもの本質が豊かにされ，英語への学びにつながるのではないだろうか。可能性は子どもの中にあり，子どもと共に生活する大人一人ひとりにあるといっても過言ではないであろう。子どもの声に耳を傾けるところから，英語との出会いを広げられることであろう。そうした子どもの声に敏感になり，豊かにしていく環境づくりが課されているのではないだろうか。

第5章　彼らの英語と私たちの英語

　私たちが英語を実践的な伝達手段として用いるのは，国際あるいは異文化間コミュニケーションの場面である。外国語を用いたコミュニケーションの難しさは，表面的なやりとりとしては成立しても，ことばの裏の意味やそこに反映された価値観や考え方が共有されない可能性と危険性が，共通の母語を持ち，同一の文化に生まれ育った者同士の場合よりも高くなることにある。相手を知り，相手との相違を知り，相手の立場にも立つことができなければ，せっかく身につけた英語の運用能力を十分には活かせないのである。

　また，移民として他国で生きることを選択する場合を除き，相手が誰であろうとも，どこにいようとも，私たちは教養ある日本人として英語によるコミュニケーションを図ろうとすることになる。英語ということばを，私たち日本人のことばとして駆使し，国際社会で行動するためには，どのような意識を持つべきであるかを考えていくことも，重要な課題である。

1 異文化を考える

赤枝紅子

はじめに——異文化理解はなぜ難しいか？

　異文化理解と英語について考えるとき，Globalization（グローバリゼーション＝地球社会化）ということばが一つのキーワードとして浮かび上がってくる。このことばは，1964年にマーシャル・マクルーハンが「地球は近い将来，無尽蔵な情報と交通のネットワークがすごいスピードで緊密化して，Global Village（グローバル・ヴィレッジ＝地球村）になるだろう」と，予言したことを思い起こさせる[1]。今，まさにその予言が実現化した様相を呈している。Globalizationの中では地球が縮小化して，ここで起こったことが次の瞬間には世界中に知れわたり，次の一歩が始まってしまうので，乗り遅れないようにするために，その情報を理解して次の行動のための意思決定をすることを，同時に行っていかなくてはならない。したがって，Globalization, Global Villageの根幹で向かおうとするゴールが，地球が心を一つに合わせていくことであるなら，その中でお互いの言語が異なるということが，その方向へ向かう足を引っ張ることになる。
　そこで，今日，言語面における統一が英語によって果たされつつある。実際，英語ができなければ，インターネットから情報を取りそこない，ビジネスの世界では話に乗り遅れて競争に負け大きな不利益をこうむることになる。しかし，追いつけ追い越せと英語を一生懸命勉強して，英語ができるようになれば，スムースに意思の疎通，相互理解ができるのかというと，そうではない。英語ができるようになって言語の壁を乗り越えても，それでもなお，異文化理解，文化を越えてのコミュニケーションは難しいのである。異文化理解はなぜ難しいのか。二つの理由に絞って考えてみたい。

(1) 異文化コミュニケーションにおける文化の働き

　「異文化」を考えるとき，「文化」という概念が根底にあり，その働きに一つの特徴があることが，異文化理解を難しくしていると考えられる。まず，文化とは何か。
　文化の定義は，何百とあるといっても言い過ぎではないが，中でも異文化コミュニケーションというときの文化は次のような説明に代表されるようである。「(文化は) 個人の人生，生活に対する見方，考え方，期待のあり方，行動の仕方，何を，どこを，重要だと考えるか，その人にとって『常識』とか，『当然』とか考えられるものをさすのだと考えられる。」[2] つまり，ここでは，「文化」はある意味において人間にまつわるすべてを含み，人間の生活の端々にあるどんなものでも文化であるといえるほど，私たちの生活に密接した関係を持っている概念なのである。私たちが普段なにげなく自然にやっていることは，自分でそうすることが当然だと思ってやっているわけであるが，そのすべてが文化に関わっているといえるのである。朝起きて，朝食にはパンがいいか，ご飯がいいか，とか，どんな服を着たらよいか，靴は，髪型は，と，すべてどうしたらよいか，どういうのが良いと思われるのか，という価値判断を，文化に照準を合わせて行っているのである。日常茶飯事の中で，自分で自然と選び取っているものの裏づけとなるものが，全部文化だということになる。そして，さらにこの広い意味での文化の定義は次のように続けられている。「(文化は) 個人が世界をどう見るかをいかに学習してきたか，自分の認識する世界の中でどう行動するかをいかに学んできたかということを指す。」[3] 文化は，私たちがもともと生まれ持っているものではないということである。文化背景を持つという表現をする時も，その文化に生まれたからといって，その文化を持って生まれてきたわけではない。いわば，生まれてから成長していく過程の中で経験し学習していくことのすべてが文化となる。つまり，ある文化の中の家庭や社会で成長するなかでの過去の経験が，現在の個人の現実に対するものの見方・考え方・行動様式を形作ってきたのである。日々の中で，その文化のあり方のようなものに自分自身が沿っていくことによって，また自分の中で感じるものに自分を重ねていくことで，ものの見方・見え方がその文化の見方・見え方になっていき，認識と行動が一致していくというように，文化は一生をかけて学び続けていくもので，生まれ持っているものではないのである。したがって，人

間は成長していく中で文化的なものの見方を学び構築し続けていく存在であり，異文化コミュニケーションで扱う文化とはそのように考えられている。

　異文化コミュニケーションでの文化の働きにおいて注目すべきことは，文化背景が違う二人の人が同じものを見ても，違うものに見えたり，注目するところが違ったりすることが起こるということである。こうした文化の違いによってものの見え方が違うことに関する実験がある。一枚の写真の中に，上の方の空を埋め尽くすほどに真っ白な花が咲いている木の下で，ござを敷いた上に何人かの人が座って飲んだり食べたり，歌ったり踊ったり，笑っておしゃべりをしているのを見せられたとする。すると，あなたは即座に，「お花見」だ，とわかるだろう。私たち日本人は，まずどこに注目するかといえば，花である。その写真がカラーでなくても桜だと思うし，その下に集う人びとの姿を見ればお花見とわかるのである。日本の文化になじみがある人や，花見がわかっている人にこの写真を見せれば，必ず同じ反応をするだろう。「花見」という一言で即座にその情景が何を示しているかを表現することができるのである。ところが，日本になじみのない人に同じ写真を見せて，「何ですか」と聞くと，まったく違う反応が出てきた，ということである。ほとんどの人に最も注目されたのは，ござの外に脱ぎ揃えられた靴であった。そのあと視線はその上の人びとに移動して，ピクニックか何かということになるが，花にまで及ぶことはほとんどないということであった。この光景を，「花見」と一言でいえるということは，私たちが生まれてからこのかた，ずっと当たり前のこととしてきたことで，学んでいると思わないで学んできた文化に対する知識が基礎になっているのである。しかし，そうした文化に対する「よるべきすべ」を持たない人には同じようには見えないのである[4]。

　もうひとつは，双眼鏡のような器具を使う実験で，右の目に見せる映像は一貫してアメリカ特有のものや光景，左の目にはメキシコ特有のものや光景を見せるようになっている。2枚の同時に映し出される写真は，一応ペアになっていて，右でアメリカのピザを写し，左ではタコスを写す。次に右でアメリカのスーパーマーケット，左でメキシコの市場，次は右でアメリカの野球，左でメキシコの闘牛，というように次々とすばやく写真のペアを送り込むように見せていくのである。被験者は，アメリカ人グループとメキシコ人グループで，まったく同じ写真を同じ順序とスピードで見せる。その結果，一貫してアメリカ人はアメリカのものや光景を見たと報告し，メキシコ人は同様にメキシコのものや情景を認知したのである。人は自分を取り囲む社会や文化の中にあるもの

の見方を習得してしまうと，自分のなじみのものしか目に入らない，というようなことがあるのである[5]。

したがって「共通の文化背景を持つ人びとは『物事を同じように見る』し，似たような行動をする。あるいは，他の人がどうしてある行動をするのかを，限られた情報選択範囲の中で，理解することができる」のである。文化背景の違う人と意思の疎通をうまく図っていくためには，こうした文化が人の認識と行動に働きかけるメカニズムの特徴を理解する必要があるのである。

(2) 異文化コミュニケーションにおけるコミュニケーションの働き

異文化理解，異文化コミュニケーションが難しい，もうひとつの理由は，人間のコミュニケーション能力のメカニズムの特徴にある。

コミュニケーションとは何か。コミュニケーションということば自体が日本語ではない上に，日本語にはコミュニケーションに等しいことばはない。人間がコミュニケートするということ自体，非常に当たり前のことであるが，当たり前であるがゆえに定義するのがとても難しい。「コミュニケーションとは，人間が他の人とのコミュニケーションを通じて人間関係を築き，その中で人間性を高めていくための重要なプロセスであり，人間の生活すべてを包括している」という定義が適切であると思われる[6]。人間の生活すべてを包括しているがゆえに，定義するのが難しいのである。

普通は，「コミュニケーションする」ということは言語を使った意思の疎通だと考えることが多いが，異文化コミュニケーションでのコミュニケーションとは言語によるものだけではないと考えられている。まったくことばを発しなければ，コミュニケーションは成立しないかというとそうではない。黙っていても，いろいろなことを考えたり，感情を発したりして，次の行動をとるときの材料になっていく。そういう部分を含めて全部を広義にコミュニケーションと捉えるのが，異文化コミュニケーションでのコミュニケーションであり，それは「私たち人間が自分自身の内部体験や外界からのさまざまな刺激に対して，自分なりの意味を見いだそうとして努力する創造的なプロセスである」と定義される[7]。ここで大切な点は，「自分なりの意味を見いだそうとして努力する」という部分である。つまり，「意味をそこにみつける」，「意味を付与する（与える，創り出す）」，「意味づけ」するということである。

したがって，コミュニケーションの主体は話し手ではない。普通，「コミュ

ニケーションする」という言い方をすると，自分がこういう話を相手にどのように上手に伝えられるかを考えて，話し終えて相手がわかってくれたかどうかでコミュニケーションの成功・不成功を考え，コミュニケーションの主体は話し手の自分であるように思われるが，むしろコミュニケーションの主体は聞き手・受け手である相手の問題となる。ここでのコミュニケーションは，「コミュニケーションする」というよりむしろ「コミュニケーションに参加する」というように捉えられる。つまり，人間がそこにいるだけでコミュニケーションせざるをえない，コミュニケーションしないではいられないという特性を持っていて，ことばに出さなくとも，体全体から雰囲気が伝わってしまうことでコミュニケーションは始まっているのである。何か特別に発信するつもりがなくとも，そのコミュニケーションの場に参加している，もしくは，たまたま居合わせた人（受け手）がそれを見たり聞いたり，解釈して，そこに自分なりの意味を見いだしたとき，まったく思いもかけない意味がつけられる場合が出てくるのである[8]。むしろメッセージは意図されたように解釈されないのが当然であり，意図されたことがそのままに伝わるということの方が驚きに値するのである。自分が意図した行動も，意図しないなにげなく無意識でとった行動も，相手が，もしくはそこにいた誰かが，もしくはたまたまそこを通りかかった誰かが，自分がそんなつもりでいったりしたりしたのではない意味を見つけ出したり，創り出したりして，それが一人歩きしていくのが，大半のコミュニケーションなのである。

(3) 異文化コミュニケーションの難しさ

つまり，ここに，異文化コミュニケーションがなぜ難しいかという疑問の答えがある。文化背景の違う人びととの間の相互理解の障壁となっているのは，言語の相違だけでなく，それぞれの文化が人びとの行動に対して与える意味が違うからである。つまり，相手の行動の原因がわからないということなのである。自分が普段から当たり前で自然なこととしてとっている行動は，自分の文化の中では誰にも迷惑をかけることなく，誰にとっても良いことだと思っていることが多いが，他の文化の人にとっては，おかしなことであったり失礼なことになってしまうということが，異文化コミュニケーションではよく起こるのである。それが，異文化コミュニケーションの難しさということになる。したがって，人間が文化を学んで自分の中に文化の尺度を持っているということと，人

間がコミュニケーションするときに意図せずに意味を見つけてしまうメカニズムがあるということ，その二つのことが一緒になって，異文化コミュニケーションは難しいといわれるのである。

　与えられた意味が違うということは，ある特定の行動をなにげなくとることによって思いもかけない誤解や思い違いを生むことがあるということである。こういうことはよくあることであり，また，微妙な違いであることが多いが，こうしたちょっとした不満が積みあがっていくと最後には爆発して決定的に決裂してしまうことになりかねない。ここに，アメリカ人の上司とギリシア人の部下との間のコミュニケーションにおいて，異なった意味が次々と与えられていく異文化間の行動における意味づけが果たす役割を示している見事な事例がある。この場合，上司の役割と部下の役割に対する互いの考え方と期待のあり方の違いから対立が深まっていく。アメリカ人にとっての上司とは，部下が行うことに対して何をどのように行うべきかを決定する際に，その部下の参加を促す全員参画型の意思決定をする上司が好まれる。それに対して，ギリシア人にとっての上司の役割はもっと「親分的」なもので，上司は命令を下すものとの期待があり，そういう上司の方が好まれる。従業員からの参加を求めるアメリカ人上司が，「親分らしく」命令する上司を求めるギリシア人部下と接するとき，次のようなコミュニケーションが展開する。

アメリカ人上司：〔行動〕　　この報告書を仕上げるのに何日ぐらいかかるかね。
　　　　　　　　〔意味づけ〕彼に参加を求めているのだ。
ギリシア人部下：〔意味づけ〕この上司は何をいっているんだ。彼は上司じゃないか。何ではっきり命令を出してくれないのだろうか。
　　　　　　　　〔行動〕　　わかりません。何日ぐらいで仕上げればよいですか。
アメリカ人上司：〔意味づけ〕責任をとるまいとしているんだな。
ギリシア人部下：〔意味づけ〕命令を求めているんだ。
アメリカ人上司：〔行動〕　　どのくらい時間がかかるかは君が一番よくわかると思うがね。
　　　　　　　　〔意味づけ〕自分の行動には，自分で責任をとるべきだ。
ギリシア人部下：〔意味づけ〕ばかなことをいってる。でも何か答えた方がよさそうだ。
　　　　　　　　〔行動〕　　10日です。

アメリカ人上司：〔意味づけ〕時間を見積もる能力がまったく無い。それでは全然足りないだろう。
　　　　　　　〔行動〕　　15日間使いたまえ。15日以内に仕上げるということでいいかね。
　　　　　　　〔意味づけ〕契約として，それでいいのかと聞いているんだ。
ギリシア人部下：〔意味づけ〕命令が与えられたぞ。15日間だ。
（本来，その仕事は30日間必要なものだった。ギリシア人は昼も夜も働き続けたが，15日が終わろうとしている時に，まだ後1日分の仕事が残っていた。）
アメリカ人上司：〔行動〕　　報告書はどこにあるのかね。今日できるという約束だったね。
　　　　　　　〔意味づけ〕彼が契約を守るかどうか確認したい。契約は守るべきだと，教えてやらねばならない。
（両者とも，まだできていないことがわかる。）
ギリシア人部下：〔意味づけ〕バカな無能な上司め。だいたい，あなたの命令は考えの無い間違ったものだった。その上，30日分の仕事を16日で仕上げるところだったじゃないか。それもわかってくれない。こんな人の下では働けるものか。
（ギリシア人は辞職願いを出し，アメリカ人はびっくりする。）[9]

　また，たとえば，国際結婚しているカップルの場合によく見られるのが，ちょっとした文化的行き違いが日常のいさかいの種になることである。アメリカ人の夫の運転する車でドライブに出かけた日本人の妻が，コンビニのところで車を止めて何か飲み物を買ってくるといって出て行った夫が帰ってきたときに，カンカンになって怒り出すということがよくあるという。どうしてかというと，夫は自分の飲み物しか買ってこなかったからである。夫は Why didn't you say so? と当惑顔でいうという。これが何度も繰り返される。アメリカ人にとっては何でもいえば良いのに，いわなければわからないよ，ということなのだけれども，日本人にとっては，いわなければわからないなんて気が利かないもいいところ，バカか性格が悪いのではないだろうか，ということになる[10]。たいしたことではないからといって放っておくと，不満がたまりにたまって，不信感となり離婚の原因になりかねない。しかしながら，これは性格の問題でも，能力の問題でもない。そういう育ち方をしてきた，それが当然だと思って生きてきた以上，ある程度致し方のないことなのである。文化を超えていくためには，こうした文化のずれに対して，すぐにそれではダメとかイヤとか過剰に反

応しないで，考えるというクッションを置く，良し悪しの結論をすぐに出さないということが大切なのである。

　異文化コミュニケーションをするときに，自分が当然だと思って行動していると，その行動をなぜしたかという原因についてなど考えもしないだろうし，なかなか自分では分析的に答えられない。ましてや，どうして異文化コミュニケーションはうまくいかないのかということは，分析的に見えてこない。でも，「文化によって意味づけが違うのだ」ということがわかっていれば，結論を出す前に，その点を協力して考え，話し合うこともできるだろう。その話し合うことが難しいのだ，ということになって何か堂々巡りになっていくようであるが，いずれにせよ，忍耐を持って，しかしながら新しい展開と発見を楽しみながら，希望を持って進んでいくべきなのである。

(4) 異文化理解の心構え

　以上のように，文化を超えてコミュニケートし，理解しあうということは決して容易なことではないが，特に態度の面に注目した場合，その心構えとして次のようなことをあげることができる[11]。

　① お互いの考え方を理解・尊重する姿勢（決めつけない）
　② 自文化中心のものの見方だけにとらわれない態度
　③ オープンな心・柔軟な心・リラックスした心
　④ 判断を保留する心
　⑤ 感情をコントロールする心
　⑥ 相手への共感
　⑦ 良い聞き手となること
　⑧ 違いを楽しむ気持ち
　⑨ 自分の失敗を笑うことのできる余裕
　⑩ 汝自身を知れ（文化的自己をみつける）

　① 相手の考え方が自分と違うからといって，良くないと決めつけないで，まずは相手の考え方を理解し尊重する姿勢を持つことである。それは，はじめから相手に賛成し合わせることではなく，自分の考えも尊重しつつ，お互いの考え方を同じ土俵において一緒に考えていきましょう，という姿勢が大切であ

るということである。

② 人は，どうしても自分の文化では当然だと考えられている，ものの見方にとらわれがちである。つまり，それ以外のものの見方はできないともいえる。自分の文化の中にいながら，それがどういう文化であるのか，客観的に説明することは難しい。それを映し出してくれる鏡が，異文化なのである。だから，自分が何を大事にしていて，何を前提条件として生きてきたかが，異文化に出会うことによって浮き彫りになってくる。そういう利点が異文化コミュニケーションにはある。異文化理解への到達は困難かもしれないが，自分が自分の文化すらいかに理解していなかったかを知り，自分の文化の中にある期待や前提条件を理解する手がかりを作ることから始めてみようということである。

③ 自分と違うものの見方・考え方を受け入れるには，自分が今までやってきたやり方にこだわらない，オープンで柔軟なものの感じ方・受け止め方をする必要があるということである。いつものなじみのある方法を手放して，積極的に新しい方法を試す気持ちが必要である。それには，失敗を恐れないリラックスした心の状態が大切である。

④ 異なる文化を理解しないまま，何らかの結論や決断を下すことは非常に危険であるということである。人は，違いに出会って，それが理解できないと，即，否定的な拒否的判断をしてしまいがちである。そのようなときに，いったん判断を保留し，理解する努力をさらに続けるか，もしくは判断をしないで，しばらく待つ忍耐力が必要になる。

⑤ 人は，異文化では普段当たり前のことが当たり前ではなくなるような行き違いに，ついカッとしてしまいがちになる。意味づけが違うということ，文化よって価値観が異なるということを思い出して，感情の赴くままに反応せず，忍耐強くコントロールする癖をつけるべきである。

⑥ 「自分が相手の立場だったら」と考え，さらにできる限り相手のものの見方から物事を見たり感じたりするように心がけることである。

⑦ 異文化の間では，ただ「聞く」だけでなく，本当に相手が意図していることを「よく聴き取る」必要がある。最後までよく聴かなくては，本当のところはわからないものである。それには，やはり忍耐が必要になる。そして，それは「良い質問をする」ことにつながる。

⑧ 「違う」ということを否定的に捉えるのでなく，むしろ積極的に楽しむ気持ちになることである。考え方や価値観の違いを問題視するのでなく，むしろ豊かであるとか，おもしろいと思ってみることである。

⑨ 文化背景の違う人びとと協力して仕事をする場合，誤解をしたりされたり，失敗をしてしまったりすることは，むしろ避けられないものである。そのようなとき，失敗を恐れず，むしろそこから学ぶつもりでいるくらいの度胸が必要である。自分のした失敗を笑うことができれば，それは自分を客観視できていることを示す。自分のした失敗を笑い飛ばすくらいの余裕を持って，その失敗からまた学んでいけばよいのである。

⑩「汝自身を知れ」ということは，異文化を鏡として自分自身の文化を理解するということが非常に大切であるということである。異文化にはそういう豊かな学びのメカニズムが中に潜んでいることを知って，それを十分に利用しつつお互いに成長しあうことが大切だということである。

語学ができても異文化間コミュニケーションがうまくいかないのが当たり前，という基準に立って，それを乗り越えていくには，それが相手との協同作業である点を忘れてはならない。相手をできるだけ受容するのは良いが，それは相手と同じように行動できるようにするということではない。相手に合わせて相手と同じように行動するようにすれば，相手が受け入れてくれてうまくいくというわけでもない。相手の自分と違う点を非難する前に，その違いをお互いに確認しあうことである。自分の持っている文化がどれだけ相手の文化と違うのか，どこが違うのかを，お互いに説明してあげられる状態にもっていければ理想的であろう。そこまではできないとしても，お互いにお互いの持つ文化を確認しあえるような「土俵」を作る努力に双方が参加することが，求められているのである。それによって，創造的な人間関係が生み出され展開していくことが期待されている。そこまでもっていけるような，語学力プラス異文化コミュニケーション能力が求められているのである。

いまや，こうした異文化コミュニケーション能力が「グローバル力」と表現されるようになり，「社会的・文化的背景が異なる相手と上手につきあいながら成果をあげる『グローバル力』は，英語力に匹敵するビジネスの基本ツールだ。文化的な多様性を活力に変えられる企業が21世紀の勝ち組になれる」といわれるようになってきた[12]。異文化コミュニケーション能力を測るテストは長年研究されてきているが，それらを「グローバル度」を測定するものとして人材開発に役立てる試みも進んでいる。テスト結果を国別に比較すると，日本人のスコアは「恐ろしく低い」。特に，「リスクを恐れない」「見知らぬ人と関係を築く」「固定観念にとらわれない」などの項目は際立って低いという[13]。好むと好まざるとにかかわらず，今では，突然異文化衝突の最前線に立たされ

る可能性は誰にでもある。そのような中で,「違いを受け入れるオープンなマインドを持ちつつ,自己主張もできる人材が集まってこそ斬新なアイデアが生まれる」[14] という異文化の背景を持った人びとが働く職場では,ますます英語力とともに「グローバル力」が求められるのである。

　ある在米日系企業のコンサルタントは,日本人の英語マナーについて,① 人の話を遮れない,② 人を自然にほめられない,③ ほめられるとつい謙遜する,④ リラックスした世間話が苦手,⑤ 理解しているふりをする,⑥ 明確な指示を出さない,⑦ 会議で結論を出せない,という短所をあげている。特に ① は,日本人は人の話に割ってはいるのは失礼だと考えてしまうため,速いテンポの欧米人の会話に口を挟めないことが多く,どうして自分の意見をいわないのだろうと思われ,立場が弱く見えるという。話を遮ることへの抵抗感を超えて,軽く手を上げ,周りの注意を集めて,Excuse me. May I say something? (一言よろしいですか) とか,I'd like to comment. / I have something to say. (申し上げたいことがあるのですが) といって発言のチャンスをつかむことが大切なのである。また,⑤ については,聞き取れなくなったり,わからないことばがあったりして,話についていけなくなることはよくあるが,日本人はそんなとき理解しているふりをして会話を続けてしまいがちで,外国人から,「わからないまま話を続けるのは時間の無駄だ。なぜその場で質問しないのか」という不満がよく聞かれるという。こういうときは,シンプルに,I'm sorry. I don't understand. (すみませんが,よくわかりません) という表現で十分であるとされる。そして,指示には 5W1H (who, when, where, what, and how) を明確にすることが大切である,といわれる[15]。

おわりに

　ここでは,異文化コミュニケーションがいかに難しいかを述べてきたが,前述したように,今日それを避けて通ることはますます難しくなっている。その際,重要になるのは,持てる英語力を駆使して,常に確認し,まめに質問するという注意を怠らないことであり,忍耐強く心を砕き心の距離を縮め,誠意を尽くす中で信頼を築くベクトルに向かうことである。このことを十分に理解した上で,英語力という道具を磨くことが,異文化の壁を越える近道となるのである。

2 英語学習と異文化理解の三つの段階

　　　　　　　　　　　　　　　　　　　　名嘉憲夫

はじめに

　人びとが何かについて学ぶとき，その理由はあまりにも「当たり前」のように感じられることが多く，改めて「学ぶ理由や意義」について考えることは少ない。同様のことは英語学習についてもいえる。一種の国際語になっている英語を学べば就職に有利になる，外国人の友人もできる，外国旅行で不自由しないから便利といった理由もそれなりに説得力がある。もっとも多くの学生にとっては，「なぜ英語を学ぶのか」を考える前に，すでに中学校の教科として決められ，高校受験や大学受験のために勉強せざるをえないというのが現実かもしれない。

　ある科目を学んだことがどれだけ身につくかは，それを学ぶ意義をどれだけ深く理解しているかに左右されることが多い。したがって，ここで改めて「なぜ英語を学ぶのか」「英語を学ぶ過程で何が起きるか」について考えることは十分意味がある。

　「なぜ英語を学ぶのか」について考えようとすれば，われわれが今生きている時代を長い歴史の中で位置づけてみることは手助けになる。結論から先にいえば，われわれが生きている 21 世紀初頭という時代は，日本の社会が世界化 (globalize)，多文化化 (multi-culturize)，情報化 (informationalize) する変動の時代であり，6～7 世紀の古代律令国家成立期，19 世紀の明治維新期につぐ第三の大変革期であるということ，したがって人びとが使う「言語」についても大きな変化が起こることが予想され，英語学習の広がりと深まりはその変化の一つの表れであろうということである。

(1) われわれはどのような時代に生きているのか？

　それでは，日本史における大変革の時代と比較しながら，現在を見てみよう。

最初の大変革期は 6 〜 7 世紀の時代である。その時代は，儒教や仏教，暦法などの新しい思想や文化が朝鮮半島からもたらされた一方，国内や朝鮮半島においていくつもの内乱や戦争が起き，蘇我氏や聖徳太子が現れて新制度を試みた後，645 年の大化の改新を経て古代律令国家が成立する時期であった。この時代に漢字の使用が盛んになり，遣隋使や遣唐使の制度を通して，新しい考えや文物が日本にもたらされた。漢語は，従来の豪族連合国家を克服した律令国家の記録言語であると同時に，いわばこの時代の東アジアにおける国際語でもあった。

　第二の変革期は，1868 年の明治維新を挟んだ数十年間である。今度は欧米から大量の科学技術の知識と社会思想的知識が流れ込んできた。大久保利通や伊藤博文などの政治エリートは欧米を視察し，また福沢諭吉や夏目漱石，森鴎外などの知識人も英語やドイツ語を学び，新しい教育や文学，医学の活動を行った。19 世紀末から 20 世紀にかけての時代は，日本における産業資本主義の形成期でもあり，さまざまな科学用語と同時に「自由」「権利」「民権」といった社会思想概念が翻訳・創造され，人びとの思考と行動に大きな影響を与えた。また，京都弁や東北弁など従来のさまざまな地方語に対して一部の"東京弁"を基礎とした「標準日本語」が作られ，それによって人びとの意思疎通が促進された。もっとも，書きことばを別にすれば，実際のところは，それぞれの地方のアクセントと語彙が混ざった「複数の日本語」が話されていたと考えることも可能であるが。これは，中国において「マンダリン（普通話）」や中欧における「標準ドイツ語」が書きことばとしては標準化されていても，実際には広東語や福建語など「複数の中国語」や低地ドイツ語や高地ドイツ語など「複数のドイツ語」が話されている事情と似ていると考えることもできる。

　21 世紀が始まった現在は，世界的には近代産業資本主義社会からポスト（後）近代産業資本主義社会もしくは「情報社会」への移行期と考えられている。この時代は，交通・通信手段の発達につれ各国経済の相互依存が進み，それに伴って人，物，資本，情報の移動が世界的なレベルで進むようになった。国境を越えて人びとが移動・交流するにつれ，社会の文化も「多文化化」し，またコンピュータ機器や通信衛星，インターネット技術の発達により，経済活動や社会活動が世界的ネットワークで結ばれ，知識や情報の創造や利用の価値が高まっていく。

　こうした時代に，英語は一種の「国際語」としての役割を演じている。たとえば，数年前まで，インターネット上の使用言語の 80 ％は英語であった。こ

れは，ヨーロッパ中世においてはラテン語が，近代においてはフランス語が，また前近代の東アジアにおいては中国語が一種の国際語としての地位を占めていた事情と似ている。実際，科学技術分野においては，すでに英語が「標準言語」となっている。

最近多くの論者によって，標準的な英米語（standard English）に対して，「世界諸英語」（World Englishes）の考えが提唱されている。この考えは，世界で英語を母語とする人口が英米系の約3億人であるのに対して，その数倍の17億程度の人びとが第二言語や公用語，商業語として英語を使っている現状を反映している[1]。これはちょうど，産業革命期の国民国家形成期に，ある地方や支配グループの言語を基礎とした「国民語」が多くの地方語の上に作られ，それによってそれまでお互いに意思疎通できなかった人びとが通じ合うようになった過程に似ている。経済活動や社会活動が世界化すれば，どうしても共通の意思疎通の手段が必要になり，その役割を「英語」が果たしているというわけである[2]。

ダニエル・ベルやアルビン・トフラーの「ポスト産業社会論」の見方を援用するとすれば，以下のような見方も可能であろう[3]。21世紀は，諸国家や地域がかつてないほど相互依存し，社会的過程のすべてが相互浸透する時代である。それは，先進国の間にあっては「脱国民国家」の時代であり，ヨーロッパ連合（EU）のような一部の地域においては，すでに超国家機構のレベル，国家レベル，地方レベルの統治機構の間の分業と補完が実現していく時代でもある。こうした時代においては，国際的レベルのコミュニケーションでは何らかの（一つ，もしくは複数の）「国際語」を話し，国家レベルでは「国民語」，地方レベルでは「地方語」を話すという方向に進むのではないかと予想される。

実際，筆者の友人のあるスイス人は，「自分はレト・ロマン語とドイツ語，フランス語の3ヵ国語を話せるし，イタリア語を多少理解するが，ヨーロッパでは教育を受けた人びとの間では，自国語のほかに英語ともうひとつの外国語を話すのはわりと普通になりつつある」といった。「教育を受けた人びと」とは，おそらく4年生大学の卒業者をさすと思われるが，たとえば，筆者が会ったカタロニア人は，カタロニア語とスペイン語，英語を話した。東アジアにおいても東南アジア諸国連合（ASEAN）のシンガポールやマレーシアなどは多言語国家である。

多くの日本人にとっても，戦前の地方で生まれ育った祖父母や両親世代は，家の中では方言を話し，学校や官庁，軍隊では標準語を話すということを行っ

た。やがて近代化が進み，一部の地域を除いて戦後の都市に住む子ども世代のほとんどは，学校では"試験のための外国語"を学ぶものの，日常生活では「標準日本語」を話すというようになった。しかしながら，近代の「国民国家の時代」が終わりに近づき，ポスト近代の「分権的多層多元統治」の時代が少しずつ実現するにつれ，日本も含めてどの国の人間であれ日常的に複数の言語を話す社会が，歴史上初めて現れる可能性がある[4]。

時代の流れをこのように理解するとすれば，「なぜ英語を学ぶ必要があるのか」という質問は，次のような質問に言い換えることもできる。近代産業社会が終わり，文明のまったく新しい段階である「ポスト近代の情報社会」に移行しつつある現在，ただ一言語だけを話す「自文化中心の硬直した思考をする古いタイプの人間」になるのか，もしくは2ヵ国語（場合によってはそれ以上）のことばを話す「多文化を理解する柔軟で創造的な考えをする新しいタイプの人間」をめざすのかというふうに。もちろん，このような問いかけは多少誇張した見方ともいえるが，教育と学習が人びとの能力と人間性を発達させる手助けになるとすれば，新しい時代の新しい社会を生き抜く，より豊かで創造的な人間をめざすというのは，十分意義ある目標であろう。外国語を学ぶことを通して，異文化に対する理解を深め，さらに異文化間コミュニケーションの技能（スキル）を身につけることによって，思考や発想をより柔軟にし，問題解決力を高めていくのである。

それでは，このような学習発展プロセスはどのように進むのであろうか。次に，具体的な英語学習の段階と異文化理解の発展段階を見てみよう。

(2) 英語学習の三つの段階

英語学習の方法は人によってさまざまであり，またその発展段階も多様でありうるが，ここでは，① コミュニケーション手段獲得のための英語学習，② 思考力増大の手段としての英語学習，③ 問題解決力を向上させる手段としての英語学習の三つの段階を想定して考えてみたい。

英語学習の最初の段階は，「コミュニケーション手段としての英語」の習得である。いうまでもなくこの段階は，言語としての英語の語彙や文法を学ぶ段階である。英語の基本的なボキャブラリーを増やし，さまざまな構文を覚え，実際に使ってみてコミュニケーションを行う。この段階で一生懸命学び，おそらく2000語から2500語くらいの単語を覚えれば，基本的な日常英会話には困

らなくなるであろう。

　次の段階は，英語の単語のより深い意味やニュアンスを理解し，似たような表現でもさまざまな状況設定で変えることのできる段階である。英字新聞が読めるようになると，この段階に達する。自国語の専門用語と英語での専門用語の両方を理解し，「概念」としての重なりや違いがわかるようになると思考力が高まる。日本語による発想と英語による発想の違いや共通性に気づくようになる。たとえば，英語の "Are you happy?" と日本語の「あなたは幸福ですか」は概念的に重なり合う面もあるが違うニュアンスもあるということがわかる。「happy」も「幸福」も，同じように「幸せ」という意味があるが，英語の「happy」の方は，「嬉しい」とか「楽しい」「喜ばしい」というような感覚的な側面も強い。一方，日本語の「幸福」は，『新明解国語辞典』（三省堂）によると「現在の環境に十分満足できて，あえてそれ以上を望もうという気持ちを起こさせないこと。またその状態」を意味する。したがって，「幸せな感じ」の元になる「幸せな状態」についての意味も強く含むと考えられる。実際，宮野勝によると，"Are you happy?" と聞かれたアメリカ人は，よほどのことがない限り "Yes." と答え，「あなたは幸福ですか」と聞かれた日本人は，よほどのことがない限り「まあまあ」とか「どちらともいえない」と答えるという[5]。

　また，きわめて日本的と思われるある種の表現を英語に翻訳することによって意味がはっきりする場合もある。たとえば，日本語の「恩」ということばを英語に翻訳する場合，さまざまな表現があるが，その中でも social obligation（社会的義務）とか a debt of gratitude（感謝の負債），social debt（社会的負債）という表現を使うと意味が実に明瞭になる。このように表現すると人類学や社会学でいう「互酬」もしくは「互恵」の原理の理論的意味が実感を伴って理解できる。つまり，なぜ「恩」を返さないといけないかといえば，「社会的な負債」だからというわけである。（この場合，"経済的負債" と "社会的負債" が対比される。）

　また日本語，漢語，英語を同時に比較しながら使うという方法でも，物事をより多面的に考え見ることができる。たとえば，「"きょうどう" して，この問題を解決しよう」というとき，"きょうどう" という日本語に当てる漢語と英語はいくつか考えられる。下記のように同じ "きょうどう" ということばでも，異なった漢語表現や英語表現があり，それぞれ意味が違うばかりか，理論的にもまったく違った枠組みに基づきうるのである。

日本語	漢語	英語
"きょうどう"	協同	cooperation
"きょうどう"	共同	partnership
"きょうどう"	協働	collaboration

　このようなことを積み重ねていくと，思考だけでなく感性までもが実に創造的になっていく。最近の脳科学の研究によると，異なった言語で考えるということは，頭脳の異なった部位を使うということであり，それだけ頭の活動が活性化するということでもある。1998年に国際基督教大学で行われた講演でメリーランド大学のG・ヘイグ博士は，"創造的な人びと"の共通点の一つとして「複数の言語を理解すること」を指摘した。単に英語（およびその他の外国語）で「コミュニケーションをする」だけでなく，「考えるようになる」ことがこの段階の特徴である。

　最後の，「問題解決力を増大する手段としての英語学習」の段階は，英語を通して多くの知識を得，それらの知識を活かして生活や仕事の上での「問題解決力」を高めていく段階である。英語学習の最初の段階が，「コミュニケーション力」の獲得をめざし，次の段階が「思考力」の増大をめざすとすれば，この段階は「問題解決行動力」の向上をめざす段階といえよう。

　たとえば，医療の場で使われる informed consent という表現がある。このことばが日本で使われるようになったのは，ここ数年である。もちろん専門家の間では以前から知られていたが，大衆レベルで知られるようになったのは最近のことである。日本語では，「インフォームド・コンセント」とカタカナ表記されたり，「納得診療」とか「事前説明診療」とか訳される。筆者としては，「治療前説明合意」という表現を使うようにしている。翻訳の問題は別にしても，その意味はもっと重要であろう。ある病気の治療の前に，医者が患者に対して病気の特徴や治療方法，治療における生存率や危険度（リスク），さらに各治療法の費用まで詳しく話し，お互いに納得合意した上で，治療を行う一連の過程を意味する。したがって，このことばを知っているのと知らないのとでは，病気治療の過程に差が出てくるであろう。ある英語表現の意味内容を十分理解し，そしてその内容を行動に移せる人間とそうでない人間の人生における「問題解決力」には，大きな違いが出てくるように思われる。

　「ドメスティック・バイオレンス」とか，「ストーキング」などの行為も，英米では十数年前から問題になり，さまざまな研究や対策が進められていた。しかしながら，日本ではやっと最近になって問題にされるようになった。DV防

止法やストーカー防止法ができる前は，たとえ暴力行為であっても夫婦間や恋人間のそれは「私的行為」であり，警察に保護を求めても相手にさえされなかったのである。

　このように英語のある一つのことばや概念（意味内容）を知っているのと知らないのとでは，時には命にさえ関わる違いになる。つまり，先に述べた英語の「インフォームド・コンセント」や「ドメスティック・バイオレンス」ということばや意味を理解している人は，「人権」についてもより敏感（センシティヴ）になりえ，その結果，自分や他人の命の安全を守る行動をとる可能性が高まるであろうということである。ことばは意識を変え，行動を変える。より多くの言語や新しい概念（コンセプト）を学べば，相乗効果によってその人間の生活の中における「問題解決力」も変わってくるであろう。

　以上のように，英語学習の進展において三つの段階を考えることができる。しかしながら同時にこの過程は，英語学習を通して異文化を学ぶ過程でもある。それでは，次に異文化学習の三つの段階について考えてみよう。

(3) 異文化理解の三つの段階

　外国語としての英語を学ぶ過程は，同時に自国の文化とは異なった他国の文化を学ぶ過程でもある。英語圏の異文化理解の過程も，大きく分けて三つの段階を想定することができる。それらは，① 英語を使用する諸国の文化を学ぶ段階，② それらの国々の文化と日本文化の違いや共通性に気づく段階，③ 他の多くの文化の間の違いや共通性にも思いをめぐらし，人類社会全体における共通性や原則，課題なども考えることのできる段階である。（もちろん，ここでは英語学習を通しての異文化理解の進展に焦点が当てられている。英語以外の言語，たとえば中国語やスペイン語，フランス語，アラビア語などの学習を通してさまざまな異文化の理解を深めることも当然可能であるし，また大切でもある。）それでは順を追ってそれらの段階を見てみよう。

　異文化学習における最初の段階は，まず英語学習を通してさまざまな異文化を学ぶ段階である。この段階は，異文化学習における「受信」の段階とよくいわれる。英語はもともと英米人（実際には，イギリス，アメリカ，カナダ，オーストラリア，ニュージーランド，南アフリカなどの英米系諸国）の言語であるから，アングロ・サクソン系社会の人びとの歴史や文化，習慣，思考方法などを知ることができる。普通この過程では，英米の個人主義的思考や平等主義

的態度，論理的で明確な主張などを真新しいものとして感じることが多いであろう。

しかしながら，World Englishes や Asian Englishes の考え方に立てば，英語学習と英語圏の異文化学習は相対的に切り離すことができる。したがって，英語学習を通して単に英米系の文化だけでなく，英語を何らかのかたちで使用する諸民族の文化も学ぶことができるのである。

次の段階では，多くの学習者は英米のアングロ・サクソン文化やアジア・アフリカにおけるさまざまな文化と自国文化を比較し，それぞれの長所と短所に気づいたりする。たとえば英米流の「競争的な自己主張」のコミュニケーション・スタイルに対して，日本流もしくは東洋的な「控えめで互譲的」コミュニケーション・スタイルの良さを感じるかもしれない。アメリカのビジネスマンに，トヨタ自動車の「カンバン方式品質管理法」を Kaizen 方式もしくは Just-in-Time 方式として提案することもあるだろう。それぞれの文化の差異と共通性を理解し，時と場合に応じて思考方法や行動スタイルを追加したり組み合わせたりすることができるようになる。

この段階で重要なことのひとつは，自国文化を国際語としての英語を通して表現していくことである。単に相手の文化を知るだけでなく，自分の国の文化を相手に紹介していくことも必要であり，この場合「英語は，広く他文化を理解し，自文化を説明するための媒体なのである」[6]。この段階の英語による自文化の紹介は，しばしば「発信」とも呼ばれている。

最後の段階は，異文化理解の最終目標の段階ともいえる。佐野正之らによれば，外国語の学習は，「自文化中心主義から脱するまたとない機会」であり，「心をより広い世界に開いて行く」過程でもある，そして「文化の差異だけでなく，一致点にも注意を向け……，平和や環境や人権などの人間としての共通の価値を大切にする」見方や態度を身につけていく成長の過程でもあるという[7]。つまり，自己の文化を絶対視せず，逆にある特定の文化に過度にあこがれを持ったり否定したりもせず，さまざまな文化の個性を理解しつつ，同時に共通性も見い出すことのできる能力を身につけ，時と場合に応じたコミュニケーション・スタイルを実践できることが異文化理解の最終段階である。この段階では，単に現在あるさまざまな文化に対して適応的に対応するだけでなく，それぞれの文化の要素を融合させたり，さらにはまったく新しい文化パターンを創造することもできるようになるであろう。

これらの三つの段階は，J・H・ワシレウスキーの「異文化への対処適応方

略モデル」(Intercultural Coping and Adaptation Strategy Model) を参考にするとわかりやすい。このモデルは，当初は「文化選択の輪」とも呼ばれた。ワシレウスキーは，アメリカにおけるマイノリティのライフヒストリーを共同研究者と分析した結果，以下の六つの異文化適応の方略を見いだした。

① 固執（adherence）　　：慣れた方法に留まり，生来の文化様式に固執する。
② 代替（substitution）　：違う方法に変え，生来の文化様式を他の様式と代替する。
③ 付加（addition）　　　：生来の文化様式をそのまま変えずに，他の行動様式を付加する。
④ 後退（subtraction）　：従来の文化の行動様式からさらに差し引く，つまり後退する。
⑤ 合成（synthesis）　　：複数の文化様式を合わせて，新しく行動パターンを作り出し合成する。
⑥ 創造（creation）　　　：まったく新しい文化様式を創造する。

彼らは，それぞれの異文化適応方法の具体例として次のように述べる。たとえば，19世紀にアメリカへ移住した日本人が常に着物を着ていたとしたら，これは生来の文化に「固執」したことになり，着物に代えて洋服を着始めたら，和服を洋服に「代替」したことになる。もし出かける場所によって洋服と和服を使い分けて着るとしたら，「付加」型の適応である。さらに，スカートとブラウスに帯を合わせた和洋折衷の服装をするとすれば，「合成」の方法をとっており，着物でも洋服でもないまったく新しい服装をするとすれば，それは「創造」というかたちでの適応方法である。「後退」は，以上のような何らかのかたちでのポジティヴな対応ではなく，いわば「不適応」の例で，たとえば着物も洋服も着ず，裸かもしくはそれに近い状態で過ごす状態である。自文化と異文化の違いがあまりにも大きいと，時としてノイローゼのような病的な状態になってしまうことがあるであろう[8]。

　異文化学習の三つの段階のうち，最初の段階においては，とりあえず相手の言語や文化を素直に取り入れているので，いわば「代替」の状態である。次の段階は「付加」，つまり，日本文化と英米文化の長所と短所をそれぞれ勘案しながら，文化要素を追加したり付加したりしている。そして最後の段階は，「合成」や「創造」の段階で，さらに多くの異文化について学びながら共通点や相違点を理解し，場合によってはまったく新しい文化パターンを創り出す状

態といえる。もちろん，外国語や異文化についてまったく学んでいないときは，いわば自国語と自文化に対して「執着」もしくは「固着」している状態であろう。

　異文化学習の発展段階が，必ず以上の三つの段階をたどるというわけではない。英語の学習と同じように，実際は，はるかに複雑な"山あり谷あり"（まさに，"ups and downs"）であろう。しかしながら，このような段階もしくは状態を想定することによって，異文化理解の進展の見通しを持つことができるのである。

おわりに

　本稿では，まず「なぜ英語を学ぶ必要があるのか」という疑問に対して，長期の歴史的視点から見て答えていく見方を提案した。次に，英語学習の三つの段階について述べ，最後に，異文化理解の三つの段階の考察を行った。外国語を学ぶことは今まで経験したことのない未知の世界に入っていくようなもので，楽しい反面，忍耐と努力を要する長期の過程でもある。しかしながら，自分達の生きている時代の性格を理解し，英語学習や異文化理解の発展段階への見通しを持つことによって，この過程はより容易になるであろう。外国語や異文化を学ぶことは，一つの大きく豊かな経験をすることであり，それを経た後は，あなたはもはや以前と同じ人間ではありえないであろう。

3　日本人として英語を使うこと

岡本浩一

はじめに

　現在までのところ，中学・高等学校の英語教育は，英語をひとつの言語として教えており，英語が複数の言語群であることを教えてこなかった。社会言語として英語を見たときに，英語が多数の社会言語に分かれることに，教育が留意をしてこなかったのである。アメリカ英語，カナダ英語，イギリス英語，オーストラリア英語がそれぞれかなり異なることに，ぼんやりとした認識は持っていても，積極的な認識を持っていない。これらの英語は発音が違うだけではなく，ことば遣いも違う。そのため，映画やビデオ，テレビ番組を英語に訳すときは，どの国で放送するのかによって訳を変えることが多い。このような地域的英語（regional English）と並んで，日本人などが用いている，いわゆる国際英語というものも，また独立した社会言語であると考えることができる。ここでは，そうした点も踏まえながら，われわれ日本人が英語を学び，そして実際に使っていくということはどういうことなのか，その問題点や課題はどこにあるのかということを考えていくことにしたい。

(1)　英語学習の動機を吟味せよ

　英語学習者の学習動機が自分自身の中でよく吟味されていないことが多い。中学校で勉強するから，「なんとなく」英語は学ぶに値するものだという認識が形成されているだけの場合が少なくない。そのほか，「英語ができると，なんとなく格好いい」「海外旅行で困らないように」「留学したいから」というようなものが多く，ときには「外国人を彼氏や彼女にしてみたい」などという理由もあげられるが，いずれにしても少々浅薄な動機しか自己認知されていないことが実に多いというのが実情である。

　「海外旅行で困らないように」というのは，少なくとも，大学生以上の大人

の英語学習動機としてふさわしいものとは考えられない。相手の考えを知ったり知識を獲得することば，自分の考えを伝えるためのことばとして英語を位置づけていないからである。

筆者の周囲にも「留学したい」いう学生が多いが，その中には，留学とは，ことばを勉強しに行くものだと思っている者が多い。少なくとも旧来の認識では，言語学習を目的にするものを「留学」とは呼ばない。特定の大学や大学院などに行かなければ身につかない技能や学芸を身につけることが目的であり，言語の運用能力を留学に先立って身につけておくのが本来の留学の姿である。

筆者の世代では[1]，外国に行った経験がないまま，本格的な言語運用能力を身につけた人がたくさんいたものである。筆者自身，高校生のときに英検1級の試験に合格したが，その時点では，アメリカへ行ったこともイギリスへ行ったこともなかった。また，筆者の父親は，英語とロシア語に堪能で，長いあいだ通訳を仕事にしていたが，日本から出たことは一度もない。中国の敦煌には敦煌日本語学園というところがあり，高校生の年齢で日本語を流暢に操ることのできる学生が数多くいるが，その学生たちは，日本はおろか，敦煌の町から外へ出た経験すらほとんどないのである。

今日，日本人の多くが，アメリカやイギリスに行かないと英語ができるようにならないと考えているのは，甘えにすぎないともいえるのである。情熱があり，勉強方法が正しければ，日本にいて，英語の十分な運用能力を獲得することができるはずである。

(2) 英語の学習についての思い込みを吟味せよ

英語ができるようになりたいという漠然とした動機は，日本人は国際人ではないとか，英語ができない人は国際人ではないという誤った考え方に基づいていることが少なくない。英語ができない人は国際人ではないという考え方は，そろそろ見直すべきであろう。

たとえば，統計学の数量化理論の発明者で，日本を代表する故林知己夫博士は，戦時中ぐらいから，すでにその分野で世界のトップにあった。その林博士は，英語は読めるが，話すことはまったくなかったそうである。それでも，林博士の下で統計学を学ぶため，スウェーデン，フランス，アメリカ，イギリスなど世界中から人が集まってきた。つまり，英語ができるから国際人なのではなく，仕事のレベルが国際的水準を凌駕しているからこそ，そう呼ばれるので

あるといえよう。

言語学者の鈴木孝夫博士は，日本語がまだ国連公用語になっていないのはおかしいと主張するが，筆者も同意見である[2]。

表5-1は世界の母語人口である。ただし，何が母語かということは，国によって若干の解釈の差があり，ここで

表5-1　言語人口（単位100万人）[3]

中国語	1000.0
英語	332.5
スペイン語	280.0
ロシア語	214.8
ポルトガル語	160.0
日本語	115.0

は「学校教育や公用語として用いている言語」という程度の意味である。これを見ると，日本語は世界の言語で6番目に母語人口が大きいことがわかる。ドイツ語やフランス語を母語とする人の数は，日本語を母語とする人よりも少ないのである。アフリカ大陸にまだフランス語が公用語とされている国があり，カナダのケベック州もフランス語が公用語である。それでもフランス語人口は，日本語人口に及ばない。母語人口を基準にとれば，日本語は当然，国連公用語[4]になっていなくてはならないと考えられる。経済的影響力を考慮すればなおさらである。

日本語の母語人口が諸言語の中でこれほど大きいということはよく盲点になっているようであるが，これ以外にも，英語学習者の英語についての通念で事実と異なっているものがいくつもある。代表的なものは以下のようなものである。

①アメリカやイギリスに行かないと英語は身につかない
②アメリカやイギリスに行けば英語ができるようになる
③ネイティブスピーカーは英語ができる。

アメリカやイギリスに行くことが英語習得の必須条件であるわけではない。筆者自身にとっては，子どもの頃から，自分の周囲に，海外経験が少ないのに英語が堪能な人がたくさんいたため，それは自明のことであった。自明でない人は，それが自明であることを学ぶべきであろう。というのは，海外経験のチャンスがないことを，英語の勉強不足の理由として認知している日本人が存外多いためである。

アメリカやイギリスに行ったり滞在しさえすれば，英語ができるようになるわけでないことも，考えてみれば当たり前のことであるが，実例に接しないと

実感しにくいことかもしれない。アメリカに行けば，20年も住んでいるのに，満足に英語ができない日本人がちらほら見つかるものである。ロサンゼルスやボストンなど，移民の多いところには日本人も多く，日本語だけで暮らそうと思えばそれも可能である。そういう環境で住んでいる人は何年経っても英語が不十分なままなのである。渡航してから本格的に英語に取り組もうと考えているような易きにつきがちな人は，そのような日本人の群れに入ってしまうことが多い。渡航前からある程度十分に学習する人だけが，滞在を活かして英語が上手になるものなのである。ことばの習得以外に特定の目的もなく「一度でいいから留学してみたい」などという程度の動機の留学が実るはずはないのである。

　また，多くの日本人は，ネイティブスピーカーなら本当に英語がきちんとできると考えがちであるが，冷静に考えれば，それが誤解であることもすぐにわかる。高校生くらいになっても，次のような文法的に不正確ないい回し[5]を使うアメリカ人は決して少なくない。

　　"He don't have nothing."
　　→ 正しくは，"He has nothing." "He does not have anything."
　　"I feel as if I was a fool."
　　→ 正しくは，"I feel as if I were a fool."
　　"It ain't no good."
　　→ 正しくは，"It is no good." "It is not (any) good."

　次に，ネイティブのような発音でないと駄目だと考えすぎている日本人も多い。この思い込みは，発音さえできないから複雑な文章を学んでも仕方がないという誤った論理とあいまって，英語の学習動機への障害の一部を構成している。しかし，経験則として，言語の母語的な発音の習得には臨界期があることが心理学でもおおむね共有されている認識であり，その臨界期はだいたい10歳前後であるとされている。それを超えるとインナーマッスル（深層筋）などの発達の非可逆性が高くなるため，母国語並みの発音をマスターすることはきわめて困難であるとされているのである。

　現行の文部科学省の規定においては，日本で英語を学び始めるのは通常12歳からであるため，それ以前に英語国に滞在経験のない人の場合，そもそも母語並みの発音は諦めた方がいいということになる。

　また，英語は，実は，コミュニケーションに発音の正確さがそれほど要求さ

れない言語であるからこそ，中心的な国際語になったという側面もある。たとえば，フランス語は微妙な発音の変化で，時制が変わってしまう。多くの動詞の三人称未来形と条件法の発音が類似しているというのは，非母語としてフランス語を利用しようという場合の大きな障害である。英語は，いい意味で，発音に対して大雑把にできており，それが国際語としての長所なのである。それを考えれば，インド人らしい英語の発音，中国人らしい英語の発音があり，日本人らしい英語の発音というものがあっていいはずである。

もはや英語はネイティブの専有物ではない。英語が母語でない者にとっても，英語が第二母語または第二使用言語となっているケースがますます増えているのである。

以上のことを考えてみると，特に大学生や社会人が英語を勉強する場合，口語英語よりも読解や文章表現を学ぶことの方がはるかに重要性が高いといえるだろう。道を尋ねるとか，道を教える程度の会話を学ぶことが必要なのは，せいぜい高校までの英語の授業である。知識の本格的な習得や吟味を前提にするとき，書かれた英語を積極的に吟味しうる運用能力が必要になる。また，インターネットの隆盛に伴い，インターネットでの契約などの頻度と重要性も高くなっているが，そういうときに，契約内容をきちんと吟味できることの必要性も当然ながら高くなるわけである。

(3) 日本語は特殊な言語ではない

日本人は，外国人には日本語ができないと安易に考えているが，これもまた事実誤認である。最近の日本語学習者の日本語は，助詞の使用，漢字・熟語の知識とも，きわめて正確である。特筆すべきは，デビッド・ゾペティの『いちげんさん』という小説である[6]。これは，京都を舞台に展開する恋愛小説で，すばる文芸賞をとったものである。正確でかつ味わいのある日本語に感嘆するが，テーマの捉え方が日本の純文学の特質を見事に備えていることがさらに驚きである。ゾペティ氏は，高等教育ではじめて日本語を学んでから来日したらしい。ここまで日本語と日本の生活を把握したゾペティ氏の努力と知性には驚嘆するが，日本語教育もこのような人を輩出するようになったのは立派なものである。

外国人は日本語が苦手であると思い込む心理には，日本語が特殊な言語であるため，日本人が英語ができないことも仕方がないと思い込みたい心理が投映

されているように思われてならない。外国人でもわれわれ以上に日本語が堪能な人がいるという事実を虚心に認め，そこから，日本語も特殊な言語ではないという認識を持つべきである。

　実際，日本文学や日本文化以外でも，諸外国において日本語の習得が重要になっている学問分野がある。そのひとつが法律の世界である。日本の法律は，大陸法の典型とされるプロシア法の数少ない後継であり，かつ，アジア諸国が法律を制定したときの雛型になっている。そのため，比較法学などの研究者にとって日本の法律の研究は避けて通れない研究対象になっており，事実，彼らの日本語能力は高い。

　このような例からもわかるように，日本についての優れた評論が，英語では出ているが，日本語では出ていないというケースが随分ある。そのような意味で，日本の文化や社会制度が海外からも本格的な関心の対象になる水準に達しているということを，われわれ日本人はもっと自覚すべきではないだろうか。

　その好例のひとつに At Dawn We Slept という書物をあげることができる。これは，パール・ハーバーの襲撃がなぜ成功を収め，アメリカが十分事前に予知することができなかったかということを詳しく調べた書物である[7]。この主著者である歴史学者，ゴードン・プレインジは，それが調べたくて日本語を勉強し，連合国軍最高司令官総司令部（GHQ）の研究チームの職に応募し，採用され，滞日した上でおびただしい数の日本側関係者のインタビューを行った。

　この書物のまえがきによれば，当時の日本人関係者だけで，37年間にわたってインタビューを続け，その記録が3,500ページあったとされている。1980年に亡くなったときに，遺言にしたがって彼の二人の弟子がまとめたのが，この本である。本文だけで753ページあり，資料が90ページあまり添付されている。パール・ハーバーの奇襲作戦についての書物として最も完成度が高いという評価が確定している書物であり，日本語訳も全3巻で出版されている[8]が，専門家が読んでいる程度で，一般書としてはほとんど売れていない。それに対して，原書の方は，何度も増刷されており，ペーパーバックが出版されている上に，オーディオカセットまで3巻組で発売されている。日本にこそむしろ関係の深い書物なのに，日本ではあまり読まれていない。このようなテーマの研究に生涯を捧げようとするアメリカの研究風土，それを一般書として出版しようとするアメリカの出版風土，それが一般社会の広い範囲で購買され読まれるというアメリカの読書風土を恐いと思わなければならない。それを実感すれば，英語で出版される書物のなかに，見逃してはならないものが多くありそ

うなこと（たとえ日本に関係しないことがらでも）が了解できるはずである。

(4) 日本文化への評価

　日本人には，日本は小国で，日本文化はマイナーな文化だという感覚を持ってしまっている者が少なくない。しかし，日本の文物は，国外の多くの博物館で本格的な学術的関心の対象となっている。その一例として，ワシントンＤＣのスミソニアン博物館の一部であるフリーア・ギャラリーをあげることができる。ここは，その設立者である実業家チャールズ・フリーア（Charles L. Freer, 1854-1919 年）が日本に滞在した間に収集した茶道具などの寄付を受けて展示しているところであるが，加賀藩主の前田家のコレクションを多く持っていることで，茶道家の間では広く知られている。そこの陶磁器部門の部長をしているのはアリソン・コート（L. Allison Cort）という人で，信楽焼の研究者として著名な人である。この人は，信楽焼の家元に弟子として入り，3 年間ほど窯焚きなどの仕事をして学んだ。裏千家茶道もなんと 12 年も学んでいる。当然ながら日本語もきわめて流暢である。一般に陶芸の世界では，中国，朝鮮半島，日本の陶芸の評価が高いが，日本の陶芸では，信楽や萩焼などのいわゆる「侘びた」陶器に世界中の関心が集まっている。

　茶道もすでに国境を超えつつある。裏千家茶道では，社団法人裏千家淡交会総本部に国際部がある。2004 年現在，その部長はゲーリー・カドワラダ（Gary Cadwalader）というアメリカ人である。茶道の点前だけでなく，書道をはじめとする多くの日本文化に日本人以上に通暁している。アメリカ人のほかにも，カナダ人，ロシア人，中国人をはじめとして，いろいろな国の外国人が茶道を本格的に学んだり，その教授を職業にしたりしている。外国人にも，このように日本文化に本格的にのめり込む人が多いということは，茶道の持つ価値観が彼らの人生観などにとって不可欠の存在となりうる普遍性を持っていることを示している。茶道についての書物も英語でいくつか出版されている[9]。

　また，柔道がオリンピックの正式種目になって久しい。柔道の本家を自認する日本人がオリンピックや世界選手権での優勝がままならないほどである。競技家にとっては「情けない」という状態かもしれないが，日本文化の伝搬という観点ではそうではない。それほど柔道に打ち込む人が外国人に出てくるまでに，柔道が普及したということである。さらに突っ込んでいえば，柔道というものが日本人以外の人にも大切な人格陶冶の場になるほど，普遍的な価値観を

提供しているということである。

　柔道は競技を通じて勝ち負けをつけるので普及しやすいという面があるが，競技がなくその分精神性が高いとされる古武道に本格的な関心を持つ外国人も多くいる。たとえば，古武道の代表的な統一流派である玄武館は，館長は種村一刀氏であるが，師範には外国人が多いのである。

(5) 日本の現代文学への海外での関心

　次に，実は日本の文芸作品に対する海外の一般読者の評価も高いということを述べておきたい。

　たとえば，三島由紀夫は，今日でもその英訳が海外で広く読まれている。『仮面の告白』『春の雪』『金閣寺』など，ある程度知的な人であれば，代表作はほぼ読んでいるというケースさえある。

　最近の作家では，吉本ばななをあげることができる。『キッチン』『N・P』『アムリタ』など，きわめて広く読まれているが，最近，アメリカ人が最も好んで読む日本人の現代作家は村上春樹である

　アメリカの amazon.com で村上春樹を検索してみたところ，2004 年 1 月某日，*The Wind-up Bird Chronicle*（『ねじまき鳥クロニクル』）の売り上げランクが，4,879 位であった。日本語の本でも 4,879 位というと，かなりよく売れている方だが，本の多い英語圏で 4,879 位というのは大変なことである。ちなみに，同書の原書の日本での同日のランクが 3,998 位であるから，人気の相対評価としては，日米でほぼ同じくらいである。これからもわかるように，近現代の日本文学はすでに世界文学の有意な一部をなしているのである。そのようなことをきちんと自覚するということも，自国文化の価値を正確に理解するという意味で，英語学習・国際理解にとって重要なことではないだろうか。

　演芸の世界も同様である。能，歌舞伎をはじめ，多くの伝統演芸が海外で公演され，安定した関心を集めている。最も英語にはなじまないように思われる落語も，すでに国際化されている。その旗頭は，1999 年に亡くなった二代目・桂枝雀であった。「夏の医者」という演目を枝雀が英語で演じたものを見ると，「お百姓が 3 人おりました」を "There were three men." と訳している。英語で farmers というと，農場主の意味で，むしろ富農のニュアンスが強く，この噺で想定されている小作人百姓のニュアンスとは合わず，かといって peasants というと，無教養な者という，ここでは不必要なニュアンスを加えな

いように考慮したことがわかる[10]。落語を英語と日本語で聞き比べてみると，訳も笑いを提供するという観点から調整しなければならないことがわかり，興味深い。

特定の技術や科学が進んでいるだけでは，文化が進んでいると考えることはできない。文芸や茶道，古武道のように文化性の高いものに多くの外国人が真剣な関心を寄せているということが，日本文化がすでに世界文化の中で確固たる地位を確保しているということを示しているのである。

(6) コミュニケーションの前提としての日本人性の自覚

英語で会話をするにしても，文を書くにしても，中身が重要である。優れたメッセージを発信するためには，個を確立することが必要である。優れた個の条件のひとつとして，自分自身の日本人性に目覚めることが必要となる。魅力的なメッセージには知性と情が宿っているものである。日本人性の自覚はその情の基本をなすものである。

仮に自分の友人が兄弟のひとりを不慮の事故で喪ったとする。そういう人を日本人が日本語で慰めるときは，ことばの端々まで神経を配って，自分の慰めの気持ちを伝えることができるだろう。ところがそれが外国の友人の場合はどうであろうか。弔意の表明に特段難しい語彙や構文が必要なわけではないが，平明な弔意が平明に伝わるためには，優れた言語運用能力とそれに基づく自信が必要である。そこで単語のニュアンスなどを正確に心得ていなかったために，弔意がきちんと伝わらなければ，その友人に人格を疑われることになるかもしれない。そのとき，英語がつたないから誠意が伝わらなかったといっても言い訳として通じにくい。人間のつきあいでは，誠意や人格はまずことばを通じて伝わるものだということを銘記したい。

(7) 読み書きの優位

「英会話ができなければ英語が読めても仕方がない」というような誤解が教育界の風潮のようになり，その結果，そのような感覚を持っている日本人も増えている。しかし，これは間違いである。

日本はここ120〜130年，西洋に追いつく努力をしてきた。その過程で膨大な外国語資料を咀嚼してきたのは読解を通じてである。話せなければ役に立

ないという認識はその意味で誤っている。

　昔，東大の英文学の有名教授がロンドンへ行ったら，たばこ1本買えなかったという話が日本の英語教育の貧困を示す一種の笑い話としてよく用いられた。筆者は，この逸話が笑い話として用いられたことが日本の英語教育認識の貧困を示していると考えている。そもそも，この話は曲解に基づいている。この教授はシェイクスピアについてはイギリスの研究者をしのぐ研究を世に問うたことで著名な人で，英語でたばこを買えなかったことがその人の研究者としての価値を減じるものではない。彼の世代の人は会話が必要な環境もなければ，会話を学ぶ環境もなかっただけのことなのである。そのような環境の中でさえ，シェイクスピア研究に刻苦勉励がなされたこと，その結果，英米人にも高く評価される研究がなされたことを本来特筆するべきなのである。

　学生や後輩が留学することになったといってくると，筆者は必ずあるアドバイスをする。それは，会話の心配をせず，たくさん単語を詰め込んでおきなさいというものである。滞在が始まれば否が応でも話すのだから，会話には存外早く慣れることができる。そのときに単語が豊富に使えれば，積極的に用いてみることでその単語の記憶が強く固定される。そのことで，自分の英語のアクティブな部分が強くなる。

　留学した人を見ると，会話は比較的短期間で一定水準に達する。上手下手の差があまり目立たなくなる印象を持つことが多い。ところが，専門，非専門で深い内容のものをきちんと読み，きちんと理解する，あるいは自分が深く考えたものをその深さがわかるようにきちんと文章で表現するということの個人差はなかなか縮まらない。書きことばの習得の方が，話しことばの習得よりよほど難しいのである。

　文字情報には強制力がある。契約がその顕著な例である。インターネットによって英文による契約が身近なものになった。正確な読み書きができなければ，自分が結ぼうとしている契約の細部に潜む危険が検出できず，大きなトラブルに巻き込まれる可能性もある。インターネット時代になり，外国が身近になったことによって，実は，読み書きの必要性の方が会話よりも高くなっているはずなのである。

　加えて，日本語に訳されていない英語の文学でも，読んでおくべきものがいくつかあることを述べておく。アメリカ人が最もアメリカ的な作家としてあげる人のなかに，デービッド・ソロー（Henry David Thoreau, 1817-1862年）がいるが，彼の作品はほとんど日本語に訳されていない。若者にとっての位置づけ

でいうと，日本人にとっての太宰治のような感じの存在で，かつては繊細な精神の若者が一度ははまる作家であった。隠遁者的な生活を送った人で，インドのマハトマ・ガンジーに大変影響を与えたとされる。ガンジーの無抵抗不服従思想は，ソローの思想をとったものだとされている。平和を重んじ個人の権利を大切に考える思想は，今でもアメリカの中に脈々と伝えられている。アメリカの高校の卒業アルバムで最もよく引用されるのがソローである。ところがほとんど日本語に訳されていないので，日本人には親しみがない。アメリカ人がこれほど親しんでいる作家を読んでいないのは恐いことである。それを読んでおかないと，アメリカ人が自分たちの文化のごく基本に置いているものをわれわれは知らないまま，彼らやその文化と接するということになってしまうのである。

(8) いわゆるブロークン英語を避けよ[11]

いわゆるブロークン英語で話すことも避けるべきである。

大人同士の会話，責任の生じる会話はブロークン英語であってはならない。大人になってから発音をきちんと身につけることは，前述したように不可能である。しかし，文法的に正しい英語は習得可能である。

外国人の不正確な日本語に自分たちが寛容であるせいで，われわれは，彼らもそうだろうと思ってしまうところがある。しかし，そうではない。少なくとも英語国民は，非英語国民でも正確な表現を用いているという前提でコミュニケーションをしている。それが社会の約束になっている。不正確な発話に対しては極端な場合には法的な責任が生じるし，そうでなくとも，少なくとも不誠実との評価は免れないのである。

このような判断は，立場を逆にして考えればすぐに納得できる。われわれが外国から来た相手と交渉するという場面になったときに，その外国人の日本語が正確で，正しい敬語を用い，「万華鏡」のような難しいことばでも漢字で書けるとすれば，たちまち一目置いてしまうだろう。往々にして，本当は日本語が上手なだけで人格が高潔とまでいえない相手を過剰に評価していることがあるほどで，むしろその点は警戒すべきである。しかし，ことばがあまりに乱暴で不注意な人に，誠実な人は少ない。人格的に誠実な人は，自分の社会生活を通じて，人格要素の主要な伝達ルートが言語であることを知っている。そういう人は，外国語のコミュニケーションにおいても，たとえ拙くとも，正確に伝

えようと努力することが多く，そのような意識が累積した結果，外国語でもそれなりに慎重な表現をするようになるからである。言語によるコミュニケーションは，たとえ契約でなくとも，いろいろな責任が生じうる。交渉では法的な責任が生じるのは当然のことであるが，私的な関係であっても，たとえば同情や弔意がきちんと伝わらないと，他者に不快感を与えたりすることがありえる。そのようなものも，言語コミュニケーションの広義の責任に含めて考えるのは自然なことである。

　したがって，ブロークンで話すのならば，いっそ話さない方がいいくらいだというのが筆者の判断である。不正確な英語の危険はとても大きい。本来，コミュニケーションの責任は，リスナーではなく，まずスピーカーの方にある。そのことを理解せずに国際社会に出て行くということは勧められない。特に，発音が上手でも文法がいい加減な人は大きなリスクを負っている。帰国子女などに多い傾向だが，発音が上手で文法がいい加減だと，言語的な知識不足から生じた表現であっても，字義どおりに解釈される可能性が高い。そのような場合，ミスコミュニケーションの社会的コストが高くつくこともあるだろう。日本人の多くは，外国人で日本語ができるのは特別なことであると思っているため，外国人の日本語が少し甘くても許容する傾向があるが，英語国民にはそのような寛容さは期待できない。そのことを銘記するべきだろう。

　中学の入門レベルでは「ブロークンでもいいから文法を気にせず声に出して話してみよ」と奨める場合があるということは知っている。このこと（筆者はどちらかというと不賛成であるが，それは措いたとしても）と筆者がここで主張していることは，特に矛盾するものではない。中学で英語を教え始める時点では，まず，英語に親しむことが教育目標になっているからだ。外国語を学ぶことによって，日本語を相対的に見ることができるようになることも中学生には必要である。英語そのものについて高い習得レベルを要求するわけではない。大学生や一般社会人の英語学習においては，自分の職業に関連して，知的あるいは専門的な話題に英語を用いることを予想している。そのような場合には，文法や慣習をまったく無視したコミュニケーションでは役に立たず，むしろ有害にさえなりうるのである。

　英語国では TESL（Teaching English as a second language）というものが，社会の中で広く定着している。それは，英語教育に熱心であるというだけではなく，英語国で生活していくなら，たとえ外国人でも言語についての責任を問うからである。アメリカは英語を熱心に教えていて素晴らしいとだけ思っていてはい

けない。それだけ広くきちんと教えているということは，外国人でも正しい英語を使う責任を要求するということが社会的な約束になっているということなのである。

おわりに

国際社会における日本の位置づけを考えると，社会に有為な人材たらんとする人にとって，英語の運用は "must" である。高度な内容の英文を読み，高度な内容の自分の考えを，その高度さが伝わる英語で表現できることが必要である。経済面だけでなく，文化面においても日本の重要さというものを虚心に理解するならば，それが無理な要求でなく自然な要求であり，特定の職業や特殊な環境によらず，真の英語運用能力が必用なことが静かに了解されるものと考える。自国文化への正しい評価と自覚もそのような認識に至るものと考えることができよう。コミュニケーションの上では，海外はますます身近なものとなり，地球はますます小さくなっていく。そのことによって，実は，会話より読解・文章表現の重要性の方が急速に拡大していることにも留意しつつ，英語を外国語と意識するよりは第二の母語という意識するような心構えが必要である。

あとがき

「竹下先生，以前提案されていた World of English を総合講座の枠で開講できませんか。」

　国際関係論・安全保障論を専門とし，普段はミサイル防衛や大量破壊兵器が云々といっている私と本書との関わりは，2002年夏のこの一言から始まった。当時，教育内容に関わる一切を所管する教務委員会に属していた私は，1年生向けの講義科目の履修者数増大を受け，既存カリキュラムの枠内で講義数を増やすことに腐心していた。大講義化は，わが東洋英和女学院大学が「少人数教育」を掲げている手前，「看板に偽りあり」との謗りを免れないというだけでなく，教育の質的低下にもつながるものとして憂慮されたのである。

　大講義化の一因は，現行カリキュラムをつくる際，「合理化」の名の下に講義数が実質的に削減されたことにあった。「合理化」という大前提の下で講義数を増やすには，各教員の担当講義数をいたずらに増やし，教育の質的低下を助長するよりも，輪講形式によるバーデン・シェアリングの方が得策であろう。ただ，輪講というものはえてして趣旨も目的も不明確なものになりがちである。教育効果にも疑わしいものがある。さて，どうするか。

　そこで思い出したのが，カリキュラム改革論議の際に提示され，実現されなかった竹下裕子教授の提案であった。たしか，あの提案には，英語を学ぶ意味を自覚させることで英語教育をより効果的に行う，という明確な目的があったはずである。「大学に入学したばかりの1年生には，大学入試に合格するという，数ヵ月前までの当面の目標を達成した途端に，次は就職試験で成功するためのTOEICの高得点を目標とするといった，いわば短期的な数値目標から離れ，自分の人生における有意義な言語活動に思いをめぐらせる時間を持ってほしい」という竹下教授の提案趣旨にも賛同できた。大学における語学教育と語学学校のそれとの違いは，こうした点に求められるべきであろう。私なりの表現で補完すれば，概論を知らずに各論だけを学んでいてもなかなか効果があがらない，あるいは「技術」が「理論」によって裏づけされ

ることで，初めて「技術」にもさらなる発展の余地が生まれる，ということもあるだろう。また，この企画は，既存の教員で担えるともいわれていた。「英語の英和」というもうひとつの「看板」にも寄与できるだろう。

　こうして，冒頭の文字どおり"思いつき"の発言となったわけだが，その後，総合講座「World of English」が学生だけではなく，本学の生涯学習センターを介し一般市民の方々に向けても開講され，講義実施のために学内共同研究が立ち上がり，さらには本書が生まれるまでに至ったのは，ひとえに竹下教授の尽力があったからにほかならない。当初，私自身は一教務委員として，この新講座の開講を側面支援すればすむと楽観していた。私は，扱っている問題の性格上，アメリカを中心的な研究対象とはしているが，いわゆる「アメリカ屋」ではない。アメリカの英語について語る資格などないし，残念ながら私が新講座に貢献することはできないと思っていたのである。甘かった……。

　さすがにまったく専門が異なるだけのことはある。まがりなりにもまじめに国際関係論を学んできた者には到底できない発想で，竹下教授は私に「国連と英語」なるお題を振ってきたのである。いったい全体，何をどう論じればいいのか。本書は，おそらくほとんどの参加教員が同じ思いを抱きつつ始まった学内共同研究の一成果である。実際，本書には，英語以外のそれぞれの専門分野において，英語を有効に活用しながら活動している教員が多数寄稿している。そもそも，日本の大学生のほとんどが，そして英語の学習を続けている社会人のほとんどが，英語の専門家であるわけでも，そうなるわけでもない。それぞれが自分の選んだ分野あるいは世界において，それぞれの専門知識や経験を活かそうと努めていくわけであるが，それに加えて，英語力も活かすことができれば，どのような可能性が加わることになるのであろうか。その可能性と選択肢を，英語を専門としない者も多数含む執筆者自らがモデルとなって示すことができれば，そうした大多数を占める英語学習者にとって，巷にあふれる文法や構文，読解を学ぶための書籍とは異なる角度から，有益な視点を提供できるのではないだろうか。

　英語は今日，異文化をつなぐおそらく最も重要な手段であろう。その英語を「手段」としてではなく「対象」として始まったわれわれの共同研究は，当初は，日本語で話し合っていても「異文化間コミュニケーション」のような状態であった。そのためもあって，編集作業も率直にいって予想以上に難航したが，何とか本書を刊行するところまでこぎつけた。講義自体も初年度から好評を博したようであり，今後も継続されていく予定となっているが，学生の英語を学

ぶ動機を高め，英語教育に役立てるという目的がどこまで果たされているか，それは今後の評価を待たねばなるまい。その評価次第では，さらなる工夫を凝らしていくことも必要となろう。

　読者諸氏はどう感じたであろうか。昨今，少子化という問題を抱え，実社会との乖離を厳しく批判される大学は，もはや「象牙の塔」ではありえない。社会との「異文化間コミュニケーション」も図りながら，「インタラクティブ」にその研究教育内容の改善を図っていくことが必要とされている。学内という限定された領域ではあるが，専門のまったく異なる複数の教員が「インタラクティブ」に進めた共同研究を経てまとめられた本書を，さらに広く世に問う目的の一つもここにある。はたして本書が投げ返すに値するだけのボールを放っているか，読者諸氏のご判断に委ねることとしたい。

　最後に，参加教員のひとりが，講座の講師を勤めた後，執筆の段階で健康を害したこと，そして，授業回数との関係で，講座には含めることができなかったテーマであるアセアンに関する話を本書にはどうしても含めたかったという理由から，本名信行氏と奥平章子氏に特別寄稿者としてご参加いただいたことを付言するとともに，両氏のご協力に感謝し，その力作に対し敬意を表したい。さらに本書の刊行は，新曜社の塩浦暲氏をはじめ，多くの関係者の方々のご理解とご協力なくしては不可能であった。記して感謝する次第である。

　　2004 年 5 月

　　　　　　　　　　　　　　　　　　　　　　　　　　　　　石川　卓

注

第1部 世界のさまざまな英語

第1章 英語の今
1 New Englishes ―― 新しい英語とその可能性
[1] David Graddol, *Future of English?* London: British Council, 1997, または〈http://www.britishcouncil.org/english/pdf/future.pdf〉p.10.
[2] Gunnel Melchers & Philip Shaw, *World Englishes*, London: Arnold, 2003, p.8.
[3] 南アフリカの英語は11の公用語のひとつにすぎない。
[4] 言語学者グリアソン（George Abraham Grierson）による説。本名信行編著『事典 アジアの最新英語事情』大修館書店, 2002年, 11頁。インドの英語については，秋田県立大学の榎木薗鉄也氏が詳しい。
[5] David Crystal, *English as a Global Language*, Cambridge: Cambridge University Press, 1997による数字。なおクリスタルは英語を第一言語とする人の数を32万人としている。
[6] 以下を参考に描いた。Braj B. Kachru, "Standards, Codification and Sociolinguistic Realism: The English Language in the Outer Circle," in Randolph Quirk & Henry G. Widdowson (eds.), *English in the World*, Cambridge: Cambridge University Press, 1985, pp.11-30.
[7] 本名編著, 前掲書, 316-318頁。
[8] アジアのさまざまな英語の特徴を知り，円滑なコミュニケーションをめざす人のための辞典が発行されている。本名信行編『アジア英語辞典』三省堂, 2002年。
[9] フィリピンの英語については，金沢星陵大学の河原俊昭氏が詳しい。同上, 199-213頁を参照。
[10] tricycleは本来「三輪車」あるいは「三輪自動車」の意味であり，サイドカー付きのオートバイの車輪の数とは一致しない。
[11] 台湾の英語については, 京都外国語短期大学の相川真佐夫氏が詳しい。本名編著, 前掲書, 110-124頁を参照のこと。
[12] タイの英語は筆者の研究分野である。本名編著, 前掲書, 96-109頁を参照のこと。
[13] 村山孚『中国人のものさし 日本人のものさし』草思社, 1995年, 114-117頁。中国人の面子の考え方に真っ向から挑戦しようとしているのが，映画『瘋狂英語』（DMVE Culture Development Co. Ltd. & Keetman, Ltd., 1999）の中でも描かれた, 李陽の提唱する,「英語を習得し，お金を儲け，親孝行するために，中国人は喜んで顔をつぶすべき

である」という考え方であろう。英語が中国人の価値観に異なった一面をもたらそうとしている現象であるとみなすことができる。

[14] 文部科学省「『英語が使える日本人』の育成のための行動計画」2003年3月31日発表〈http://www.mext.go.jp/b_menu/houdou/15/03/03033101.htm〉より。入手2004年4月。本行動計画の詳細は、以下を参照のこと。竹下裕子「日本の英語教育——新しい方向への一考察」『人文・社会科学論集』(東洋英和女学院大学) 第20号, 2002年, 31-65頁。
[15] 日本の受験者数8万4254人は、アジアにおいて第1位であるのみならず、世界第1位である。スコア、受験者数とも、コンピュータベースのデータによる。
[16] 200点に満たないアジアの国は、データが出ている20ヵ国のうちの8ヵ国、下から北朝鮮 (179点), 日本 (186点), モンゴル (193点), カンボジア (194点), タイ (197点), ラオス,マカオ,台湾 (198点) であった。また、得点の高い国々は、シンガポール (255点), インド (246点), フィリピン (230点), パキスタン (230点), マレーシア (228点), スリランカ (221点) の順であった。
[17] 本名信行『アジアをつなぐ英語——英語の新しい国際的役割』アルク, 1999年, 131頁。

2 アセアンと英語

[1] この章は、拙稿「地域協力機構における国際コミュニケーション—— ASEAN (東南アジア諸国連合) の『公用語』としての『英語』使用をめぐって」(『アジア英語研究』創刊号, 1999年, 日本「アジア英語」学会) をもとにして加筆・修正の上、書き改めたものである。
[2] この章での「国際」とは、複数政府間、あるいは複数国家間における関係をさす。
[3] エドワード・T・ホール『文化を超えて』岩田慶治・谷泰訳, TBSブリタニカ, 1993年。
[4] 林吉郎『異文化インターフェイス経営』日本経済新聞社, 1996年。
[5] 1997年11月, アセアン中央事務局 (The ASEAN Secretariat) にて筆者が行った調査による。
[6] 本宣言は、大きく5つに分けて記述されている。第一に東南アジア諸国間の地域協力機構としてのアセアンの設立、第二にアセアンの目標と目的、第三にその目標と目的を遂行するための機関として、(1)外務大臣の年次会議, (2)常任委員会, (3)臨時および常設の委員会, (4)各国国内事務局を設置すること、第四に前述の目標と目的に賛同するすべての東南アジア諸国の加盟を受け入れることが記載され、そして第五に友好と協力で結ばれ、また共同の努力と犠牲を通じ域内の平和と自由と繁栄の恩恵を確保しようとする集団的意思の代表としてのアセアンに言及している。
[7] アセアン中央事務局発行の "Statement by the ASEAN Foreign Ministers at ASEAN Ministerial Meetings 1967-1987" による。
[8] The ASEAN Secretariat, *ASEAN Documents Series 1967-1988*, 1988 より。
[9] "Introducing of the study of ASEAN, its member states and their national languages as

part of the curricula of schools and other institutions of learning in the member state."と記されたものがある。
[10] The ASEAN Secretariat, *ASEAN Documents Series 1967-1988*, 1988 より。
[11] "This Treaty is drawn up in the official languages of the High Contracting Parties, all of which are equally authoritative. There shall be an agreed common translation of the text in the English language. Any divergent interpretation of the common text shall be settled by negotiation." との記述がある。
[12] 在ジャカルタの PPWLIPI (*Lembaga Ilmu Pegetahuan Indonesia*: Indonesian Institute of Sciences: インドネシア国立科学研究所), 在ジャカルタ CSIS (Centre for Strategic and International Studies: 国際戦略研究所), *Lembaga Bahasa Atma Jaya* (アトゥマジャヤ・カトリック大学言語研究所), 在シンガポールの ISEAS (Institute of South East Asian Studies: 東南アジア研究所), 在東京の国際機関アセアンセンター, 在日タイ大使館など。
[13] ホール, 前掲書, を参照。
[14] http://www.aseansec.org/ 参照。
[15] ASEAN Standing Committee, *ASEAN Standing Committee Annual Report 1994-1995 Project Matrices*, 1995 より。
[16] Regional Language Centre, 在シンガポール。
[17] Canadian International Development Agency, 在カナダ。
[18] Australian Agency for International Development, 在オーストラリア。
[19] Regional Centre for Vocational and Technical Education, 在ブルネイ。
[20] "We in Malaysia for instance, are particularly proud of our own National Language, Malay, based on a lingua franca spoken in one form or another by 150 million people, mainly in South-East Asia...But when we come together, we must need to speak with one voice. English happily supplies this need." SEAMES (South East Asian Ministers of Education Organization Secretariat), "The Second Meeting of the Regional English Language Centre Co-ordination Committee, REPORT, 10th-13th October, 1967, Bangkok" より。
[21] 本名信行「ベトナムの英語教育──アセアン加入を果たして」『英語教育』1997年11月号, 24-25頁より。
[22] 国際政治学などの分野で「アセアン・ウェイ」あるいは「アセアン流」といわれる拘束力を持たない曖昧な合意をむしろ好むやり方を, ここでは国際コミュニケーションの観点に立ち, あえて「アセアン性」と呼ぶこととする。
[23] "ASEAN seems to have an unwritten understanding about things and many a time relies on consensual agreement that is not recorded." (ASEAN 中央事務局員による陳述)

3　中東と英語
[1] 邦訳は, エドワード・W・サイード『オリエンタリズム』上下, 今沢紀子訳, 1993年,

平凡社ライブラリー。サイードの主張をめぐる論争については,『現代思想』第31巻第14号, 2003年11月のほか, 姜尚中『オリエンタリズムの彼方へ――近代文化批判』岩波書店, 1996年, なども参照されたい。また, 代表的なサイード批判としては, Homi K. Bhabha, *The Location of Culture*, London: Routledge, 1994 などがあげられる。
[2] アイスキュロス (Aeschylus, 紀元前525-456年) は, 古代アテネの三大悲劇詩人の一人で, 代表作に『アガメムノン』などを含むオレスティア三部作がある。ダンテ・アリギエーリ (Dante Alighieri, 1265-1321年) はイタリアの文人で, 代表作には『神曲』がある。ギュスターヴ・フローベール (Gustave Flaubert, 1821-80年) はフランスの作家で, 代表作としては『ボヴァリー夫人』がある。
[3] アーネスト・ルナン (Ernest Renan, 1823?-1892年) は, ナショナリズム研究で有名なフランスの哲学者・歴史家。カール・マルクス (Karl Marx, 1813?-1883年) は, いうまでもなく, 資本主義を批判し共産主義を唱えたドイツの経済学者・哲学者。ハミルトン・A・R・ギブ (Hamilton A. R. Gibb, 1895-1971年), バーナード・ルイス (Bernard Lewis, 1916年-) は共に中東・イスラム研究の大家。
[4] ナポレオン・ボナパルト (Napoléon Bonaparte, 1769-1821年) は, フランスの軍人・政治家でフランス第一帝政で皇帝ナポレオンⅠ世となる。ヘンリー・キッシンジャー (Henry A. Kissinger, 1923年-) は, ハーバード大学で教鞭をとった後, ニクソン=フォード政権で国家安全保障担当大統領補佐官, 国務長官を歴任した人物。
[5] 「アラビアのロレンス」とは, 第一次世界大戦中にトルコに対するアラブの反乱で, アラブ人部隊を率いて戦ったイギリス人T・E・ロレンス (Thomas Edward Lawrence, 1888-1935年) のこと。その自伝に基づいたのが, 映画『アラビアのロレンス』。
[6] 第1次世界大戦中, イギリス政府は, 戦争政策へのユダヤ人への協力を得るため, 1917年の「バルフォア宣言」において, パレスチナにユダヤ人が「民族的郷土」を建設することを支援することを約束した。
[7] イスラエルは, アメリカの主導で1947年, 国連総会で採択されたパレスチナ分割決議に基づき, 翌1948年に建国された。これに反対するアラブ諸国との間で, 第一次中東戦争が始まるが, イスラエルはこれに勝利し, その結果領土を大幅に拡大した。なお, 1967年の第三次中東戦争で, 領土はさらに拡大された。

4 国連と英語
[1] 国際連合広報センター「国連で働くということ」『国連 on Line』〈http://www.unic.or.jp/fwork/work.htm〉入手 2004年2月。
[2] 国際連合広報局『国際連合の基礎知識』改訂第4版, 国際連合広報センター監訳, 世界の動き社, 1997 [1995] 年, 5頁。
[3] "Inclusion of Chinese Among the Working Languages of the General Assembly, Its Committees and Its Subcommittees and Inclusion of Arabic Among the Official and the Working Languages of the General Assembly and Its Main Committees: Amendments to Rules 51 to 59 of the Rules of Procedure of the Assembly," December 18, 1973 〈http://www.un.org/documents/ga/res/28/ares28.htm〉入手 2004年2月。

[4] "Rules of Procedure of the Economic and Social Council," E/5715/Rev.2, 1992, p.14
〈http://www.un.org/esa/coordination/ecosoc/ECOSOC%20rules.pdf〉入手 2004 年 2 月；
"Provisional Rules of Procedure of the Security Council," S/96/Rev.7, 1983,
〈http://www.un.org/Docs/sc/scrules.htm〉入手 2004 年 2 月。
[5] 日本で「連合国」が「国際連合」に訳し直されたのは, 相当な政治的判断があってのことだったとされるが, その経緯については, 河辺一郎『国連と日本』岩波新書, 1994 年, 35-41 頁, を参照。
[6] 有賀貞『アメリカ政治史』福村出版, 1985 年, 183 頁。
[7] イギリス政府内にもウィルソンに近い連盟設立論はあったが, 政府内で多数派を成すことはなかった (George Egerton, "Conservative Internationalism: A Study in British Approaches to International Organization and the Creation of the League of Nations," April 1993〈http://www.unog.ch/library/archives/lon/library/essays/cons_int.htm〉入手 2004 年 2 月)。
[8] Jesús Baigorri-Jalón, "Bridging the Language Gap at the United Nations," *United Nations Chronicle*, 37 (1), 2000〈http://www.un.org/Pubs/chronicle/2000/issue1/0100p84.htm〉入手 2004 年 2 月。
[9] デイヴィッド・クリスタル『地球語としての英語』國弘正雄訳, みすず書房, 1999 [1997] 年, 75 頁。
[10] 同上, 第 2 章。
[11] この際, 国際機関設立への言及を強く求めたのはイギリスであった (Amos Yoder, *The Evolution of the United Nations System*, 3rd ed., Washington, D.C.: Taylor & Francis, 1996, p.25)。
[12] 無論, 英語が実質的な公用語となっているのは, 話者人口が複数国にまたがって多いからでもある。日本の国力, 国連への貢献度の大きさにもかかわらず, 日本語が国連公用語になっていないことの一因はここにある。この点については, 佐藤和之「国連公用語と日本」中公新書ラクレ編集部・鈴木義里編『論争・英語が公用語になる日』中公新書ラクレ, 2002 年, 223-235 頁, などを参照。
[13] 同様の見方を示すものとして, Thomas G. Weiss, David P. Forsythe & Roger A. Coate, *The United Nations and Changing World Politics*, 2nd ed., Boulder: Westview Press, 1997, p.201. また, 安全保障面での発展途上国の役割が非常に重視されていることが, 国際連盟とは異なる特徴だとの指摘もある (Joseph P. Lorenz, *Peace, Power, and the United Nations: A Security System for the Twenty-first Century*, Boulder: Westview Press, 1999, pp.41-42)。
[14] 無論, この領域でも厳しい国連批判はあり (モーリス・ベルトラン『国連の可能性と限界』横田洋三・大久保亜樹訳, 国際書院, 1995 年, 第 3 章 ; Stanley Meisler, *United Nations: The First Fifty Years*, New York: The Atlantic Monthly Press, 1995, p.224 など), 筆者もこれを否定するものではないが, そうした批判も安全保障分野に比べれば一定の成功を収めてきたことは認めている。
[15] こうした流れについては, 江原裕美「開発と教育の歴史と課題——アメリカの『開

発教育』の足跡をめぐって」江原裕美編『開発と教育——国際協力と子どもたちの未来』新評論, 2001 年, 第 1 章；廣里恭史「世界銀行の教育協力理念と政策——開発理論と現実の狭間に漂う政策変遷の回顧と展望」江原裕美編『開発と教育——国際協力と子どもたちの未来』新評論, 2001 年, 165-171 頁, などを参照。

[16] この点については, 恩田守雄『開発社会学——理論と実践』ミネルヴァ書房, 2001 年, 74-80 頁；野林健他『国際政治経済学・入門』新版, 有斐閣, 2003 年, 184 頁, などを参照。

[17] 萱島信子・村田敏雄・服部浩昌「基礎教育に対する効果的アプローチ」『開発課題に対する効果的アプローチ』国際協力事業団・国際協力総合研修所, 2002 年, 25 頁。

[18] 江原, 前掲論文, 70 頁。

[19] 『国際協力プラザ』第 100 号, 2002 年 10 月, 6 頁。

[20] 1990 年の WCEFA でも初等教育の重要性が強調されたが, その実践には障害も多い。この点については, 浜野隆『国際協力論入門——地域と世界の共生』角川書店, 2002 年, 148-155 頁；豊田俊雄「『基礎教育』への援助——アフリカの教育開発を中心として」『国際協力研究』第 8 巻第 1 号, 1992 年 4 月, 18 頁；佐藤眞理子「開発援助と教育」津田幸男・関根久雄編『グローバル・コミュニケーション論——対立から対話へ』ナカニシヤ出版, 2002 年, 185-187 頁, などを参照。

[21] 乾美紀「ラオスの子どもたちと英語教育」NGO 活動教育研究センター編『国際協力の地平—— 21 世紀に生きる若者へのメッセージ』昭和堂, 2002 年, 239-244 頁。

[22] 船橋洋一『あえて英語公用語論』文春新書, 2000 年, 77 頁。

[23] 世界各国での英語教育重点化の進展については, 八田洋子「世界における英語の位置」『文学部紀要』(文教大学) 第 14 巻第 2 号, 2001 年 1 月, 57-82 頁, などを参照。

[24] 乾, 前掲論文, 243-244 頁。

[25] 開発協力における英語教育の需要増大の背景には, 被援助国への情報技術 (IT) の普及と情報教育の導入があるとの見方もある (Nadia Hijab, "People's Initiatives to Use IT for Development," *Background Paper for Human Development Report 2001* (UNDP), p.6 〈http://hdr.undp.org/docs/publications/background_papers/hijab.doc〉入手 2004 年 2 月)。

[26] UNRWA, "Elementary and Preparatory Education" 〈http://www.un.org/unrwa/programmes/education/basic.html〉入手 2004 年 2 月。

[27] なおレバノンでは, UNRWA の小学校での英語教育義務化を受け, 幼稚園でも英語教育の需要が高まったが (「特定非営利活動法人パレスチナ子どものキャンペーン 2001 年度・活動報告」〈http://plaza17.mbn.or.jp/~CCP/project/2001.html〉入手 2004 年 2 月), 他方で, そうした負担増大に伴い, UNRWA の資源不足も深刻化している (UNRWA, *op. cit.*; Salah Alzaroo & Gillian Lewando Hunt, "Education in the Context of Conflict and Instability: The Palestine Case," *Social Policy & Administration*, 37 (2), April 2003, pp.165-180)。

[28] 「日本と国連」『国連の活動』〈http://www.unic.or.jp/unworks/japan/japan1.htm〉入手 2004 年 2 月。また, その体験談として, Momoyo Tsuboi, "Another Life" 〈http://www.

unv.org.kg/publications/p6.html〉入手 2004 年 2 月。
[29] クリスタル, 前掲書, 37 頁。
[30] 津田幸男「『英語＝国際共通語』への疑問——英語支配の問題点とことばのエコロジー」津田幸男・関根久雄編『グローバル・コミュニケーション論——対立から対話へ』ナカニシヤ出版, 2002 年, 45-60 頁。
[31] クリスタル, 前掲書, 162 頁。
[32] ジョセフ・S・ナイ『不滅の大国アメリカ』久保伸太郎訳, 読売新聞社, 1990 年, 第 2 章; Joseph S. Nye & Robert O. Keohane, "Power and Interdependence in the Information Age," *Foreign Affairs*, 77 (5), September/October 1998, pp.81-94.
[33] 田中明彦『ワード・ポリティクス——グローバリゼーションの中の日本外交』筑摩書房, 2000 年, 第 6 章。
[34] トーヴェ・スクトナブ＝カンガス「言語権の現在——言語抹殺に抗して」三浦信孝・糟谷啓介編『言語帝国主義とは何か』藤原書店, 2000 年, 293-294 頁。
[35] 津田, 前掲論文, 48 頁。
[36] ロバート・フィリプソン「英語帝国主義の過去と現在」臼井裕之訳, 三浦信孝・糟谷啓介編『言語帝国主義とは何か』藤原書店, 2000 年, 293-294 頁。
[37] 無論, 多文化主義・多言語主義の奨励には, 異民族間の共存や経済的な機会均等など, 前述した平和・開発という国連の目的を実現するという意図もある。
[38] 神谷不二・高橋和夫『現代の国際政治 (新版)』日本放送出版協会, 1999 年, 第 14 章。
[39] アンソニー・ギデンズ『暴走する世界——グローバリゼーションは何をどう変えるか』佐和隆光訳, ダイヤモンド社, 2001 [1999] 年, 第 1 章, などを参照。

第 2 章 ネイティブ・スピーカーの国々では
1 アメリカと英語
[1] エボニックスはブラック・イングリッシュの別名で, ebony (黒檀) と phonics (フォニックス：英語の発音とつづりの関係を教える英語指導法) の合成語であり, 黒人の英語教育のために考え出された造語である。*Ebony* という名前のアフリカ系アメリカ人向けの家庭月刊誌がある。
[2] 現在は chair という言い方もする。

2 カナダと英語
[1] J. K. Chambers, "Canada," in Jenny Cheshire (ed.), *English around the World: Sociolinguistic Perspective*, Cambridge: Cambridge University Press, 1991, p.102 を参照。
[2] カナダ騎馬警官隊は, バンクーバーなどの大都市でよく目にする。馬にのって颯爽と歩を進める姿に, 観光客は目を奪われる。

3 オーストラリアと英語
[1] 概要は以下を参照のこと。Peter Collins, "Sociolinguistics in Australia: A Survey," in

Peter Collins & David Blair (eds.), *Australian English: The Language of a New Society*, St. Lucia: University of Queensland Press, 1989, pp.3-20.
[2] 具体的には, 小さな窃盗を犯した者 431 名, 不法侵入罪 93 名, 路上の強盗罪 71 名, 家畜泥棒 44 名などであった。
[3] J. M. Arthur, *The Default Country*, Sydney: University of New South Wales Press, 2003, p.3.
[4] *Ibid.*, 特に 17-27 頁。
[5] *Ibid.*, 特に 28-39 頁。
[6] Michael Walsh, "Overview of Indigenous Languages of Australia," in Suzanne Romaine (ed.), *Language in Australia*, Cambridge: Cambridge University Press, 1991, pp.27-48. Romaine, *op. cit*, pp.6-8 も参照のこと。
[7] 1770 年代にクック船長がイギリスからやってきたとき, 一行の何人かは, アボリジニがその奇妙なぴょんぴょん跳ねる動物のことを kangaroo と呼んでいると思い込み, この単語をイギリスに持ち帰った。この単語は, 初期の入植者によって使われたが, 当初, シドニー周辺のアボリジニには kangaroo とは何のことかわからなかった。ひとたびわかってからは, 彼らもその単語を使い始めたので, kangaroo は白人とアボリジニに共通のことばとなったのである。
[8] ブロードということばは, 1946 年に言語学者 A・G・ミッチェルの古典的な研究である *The Pronunciation of English in Australia* (『オーストラリア英語の発音』) の中で始めて使われた。
[9] 例は Sidney J. Baker, *The Australian Language*, 2nd ed., Sydney: Currawong Publishing, 1966, esp. 431-436 より。
[10] コックニーは, その聞き苦しい音と乱れた文法ゆえに, 19 世紀の英語教員にこき下ろされた。コックニーを話すことで有名であったのは, ミュージカル『マイフェアレディ』の主人公のイライザ・ドゥーリトルであるが, 彼女は takes を tikes! といい, nothing を nothin' といい, Henry Higgin's head を 'enry 'iggins 'ead! と発音した。
[11] これは王室や政府機関で用いられたため, キングズイングリッシュ, クィーンズイングリッシュ, あるいは BBC イングリッシュと呼ばれてきた発音であるが, 専門家は今日, 容認発音 (Received Pronunciation = RP) と呼んでいる。
[12] Jill Ker Conway, *The Road from Coorain*, New York: Random House, p.94.
[13] *Ibid.*, p.96.
[14] *Ibid.*, p.98.
[15] Uldis Ozolins, *The Politics of Language in Australia*, Cambridge: Cambridge University Press, 1993, pp.1-16; Romaine, *op.cit.*, pp.2-5; Miriam Dixson, *The Imaginary Australian: Anglo-Celts and Identity: 1788 to the Present*, Sydney: University of New South Wales Press, 2000, pp.26-40 も参照のこと。
[16] Ozolins, *op.cit.*, p.3.
[17] Romaine, *op.cit.*, p.10.
[18] Collins, *op. cit.*; Barbara M. Horvath, "Finding a Place in Sydney: Migrants and

Language," in Romaine, *op.cit.*, p.307.
[19] Colin Yallop, "A. G. Mitchell and the Development of Australian Pronunciation," in Collins & Blair, *op.cit.*, pp.287-302.
[20] Romaine, *op.cit.*, pp.2-12.
[21] *Ibid.*, p.5.
[22] Ozolins, *op. cit.* に詳しい。
[23] Romaine, *op.cit.*, pp.8-12.
[24] Susan Butler (ed.), *The Macquarie Dictionary*, St. Leonard's: Macquarie Library, 1981, pp. ix-xv, and Peter Colins & Blair, *op. cit.*, pp.3-20 を参考にした。
[25] A. G. Mitchell & Arthur Delbridge, *The Speech of Australian Adolescents: A Survey*, Sydney: Angus and Robertson, 1965.
[26] Susanne Romaine, *Language in Society*, Oxford University Press, 1994, pp.18-19.
[27] Arthur Delbridge, "Lexicography and National Identity: The Australian Experience," in Collins & Blair, *op.cit.*, p.314.
[28] Susan Butler, "Australian English: An Identity Crisis," in Collins & Blair, *op.cit.*, p.151.
[29] Bruce Moore, "Australian English and Indigenous Voices," in David Blair & Peter Collins (eds.), *English in Australia*, St. Lucia: University of Queensland Press, 2001; Susan Kaldor & Ian G. Malcolm, "Aboriginal English: An Overview," in Romaine, *op. cit.*, pp.67-83 を参照のこと。
[30] Barbara Horvath, "Migrants and Language Change," in Romaine, *op. cit.*, pp.304-17.

第3章　現代英語への道
1　イギリス文学に見る英語の歴史
[1] 山本麻子『ことばを鍛えるイギリスの学校』岩波書店, 2003年, 78頁以下。
[2] William Shakespeare, *Hamlet*, London: The New Penguin Shakespeare, 1971. 引用文の邦訳には,『ハムレット』福田恆存訳, 新潮文庫, 1967年を使用。
[3] ジョン・ハーヴェイ『黒服』太田良子訳, 研究社出版, 141頁以下。
[4] Gerry Knowles, *A Cultural History of the English Language*, London: Edward Arnold, 2002, p.110.
[5] 高山宏『奇想天外・英文学講義』講談社選書メチエ, 2000年, 30頁。
[6] 渡辺昇一『英文法を知ってますか』文藝春秋, 2003年, 181頁。
[7] Knowles, *op. cit.*, p.123.
[8] humour (humor はアメリカつづり) は「ヒューマー」と訳して, 単なる「冗談」を意味する「ユーモア」と区別することもある。イギリス人気質の一つである humour とは, 一つの価値 (感情) の裏にあるもうひとつの価値に気づく知性の働きだと考えられる。怒りの裏にある哀しみ, 歓びの中にある不安, というように, 現状や窮状を両面から見る理知の力, すなわち「ヒューマー」が人の精神に果たす役割の大きさを彼らは知っているのだろう。
[9] 渡辺, 前掲書, 208-223頁。

[10] Jane Austen, *Pride and Prejudice*, London: Penguin Classics, 1996, pp.283-89. 引用文の邦訳は筆者。なおヘレン・フィールディングの『ブリジット・ジョーンズの日記』は『高慢と偏見』のパロディ。詳しくは, 太田良子「読者よ, わたし結婚します」『90年代・女が拓く』勁草書房, 2000 年, 187-212 頁を参照。
[11] Angela Carter, *Wise Children*, London: Chatto & Windus, 1991, p.90.
[12] *Ibid.*, p.3.
[13] この小説に使われた出典, テーマソング, ファッションについては, アンジェラ・カーター『ワイズ・チルドレン』太田良子訳, ハヤカワ epi 文庫, 2001 年の巻末に詳述した。またアンジェラ・カーターと本作については, 太田良子「『賢い子どもたち』」『アンジェラ・カーター――ファンタジーの森』勁草書房, 1992 年, 213-42 頁を参照。
[14] 外山滋比古『英語の発想・日本語の発想』日本放送出版協会, 2003 年, 188 頁。
[15] Robert L. Stevenson, *A Child Garden of Verses*, Harmondsworth: Puffin Books, 1974, p.21.

2 聖書に見る英語の歴史

[1] 東洋英和女学院大学図書館にファクシミリ版が所蔵されている。*The Lindisfarne Gospels*, Faksimile Verlag, Tokyo: Maruzen, 2002. また, 長嶋大典『英訳聖書の歴史』研究社, 1988 年, 32 頁を参照。
[2] 出典は Barrows Dunham, *Heroes and Heretics: A Social History of Dissent*, New York: Dell Publishing Co., 1963, p.232.
[3] *The English Hexapla Exhibiting the Six Important English Translations of the New Testament Scriptures*, New York: Samuel Bagster and Sons, Paternoster Row, p.10.
[4] *The Holy Bible Containing the Old and New Testaments, with the Apocryphal Books, in the Earliest English Versions Made from the Latin Vulgate by John Wycliffe and His Followers:* edited by Late Fellows of Exter College, and Sir Frederic Maddern Keeper of MSS in the British Museum, Oxford: Oxford University Press, Printed from the Edition of 1850, New York: AMS Press, 1982, 4 vols.
[5] 外典バルク書 3 章 20 節で翻訳中断箇所に記されたことば。「ヘレフォードのニコラスの翻訳をここで明示しておく」の意。
[6] デイヴィド・ダニエル『ウィリアム・ティンダル――ある聖書翻訳者の生涯』田川建三訳, 勁草書房, 2001 年, 194-195 頁より引用。
[7] *The English Hexapla* の当該聖書箇所。
[8] このエピソードの英文は, 長嶋, 前掲書, 57 頁を参照。
[9] Vulgata では聖書の $\alpha\gamma\alpha\pi\eta$ を dilectio, caritas, amor の 3 単語に分けてラテン訳を施している。神の愛, 神への愛, 友愛, など使い分けているが, 解釈によるので原文と必ずしも一致していない。Charlton T. Lewis & Charles Short, *A Latin Dictionary*, Oxford: Oxford University Press, 1951; *Biblia Sacra Iuxta Vulgatam Versionem*, Stutgart: Deutsche Bibelgesellschaft, 1969.

[10] カトリック教会は1970年になって初めて原典（ヘブライ語とギリシア語）から英訳聖書を世に出している。解説と脚注を豊富に挿入し、信徒の聖書研究に資するように意図された良い英語聖書である。*The New American Bible*, Translated from the Original Languages with Critical Use of All the Ancient Sources, New York: Catholic Book Publishing Co., 1970.
[11] 田川建三『書物としての新約聖書』勁草書房, 1997年, 590頁を参照。

第2部　私たちの英語

第4章　身近な英語のいろいろ
1　ITと英語
[１] OS（Operating System）：コンピュータという機械を制御するためのプログラムの集まり。Windows が現在最も一般に普及している OS であるが, そのほかにも UNIX, Macintosh, Linux などがある。
[２] 村井純『インターネット』岩波書店, 1995年, 126頁。
[３] 同上, 142-145頁。
[４] 情報を HTML という専用の言語で書き, それらを相互にハイパーリンクという仕組みでつなげたものをワールド・ワイド・ウェブ（WWW）という。このワールド・ワイド・ウェブを構成する一つひとつの文書のことをウェブページと呼んでいる。
[５] Google: 代表的な検索サイト〈http://www.google.co.jp/〉
[６] 総務省編『平成15年版 情報通信白書』ぎょうせい, 2003年。
[７] http://www.ietf.org/rfc.html
[８] 2000年7月21日から3日間, 沖縄県名護市で開催された第26回先進国首脳会議（開催地は沖縄と九州）。IT に関しては「グローバルな情報社会に関する沖縄憲章（別名 IT 憲章）」が採択され, IT 推進, 電子商取引, デジタル・ディバイドなどの議論が行われた。
[９] インターネット協会監修『インターネット白書2003』インプレス, 2003年。
[10] 統計の取り方にいろいろな種類があり, 順位も年々異なっているが, 北欧諸国が高く, 韓国やアメリカより日本の順位が低い特徴はここ数年変わっていない。
[11] インターネット普及率のデータは『インターネット白書』より, ブロードバンド, 携帯インターネット普及率は『情報通信白書』より。
[12] B. Demick, "Tongue-tied Tots in Korea Get Snip," *Los Angeles Times*, April 7, 2002.
[13] 高度情報通信ネットワーク社会推進戦略本部『e-Japan 戦略』〈http://www.kantei.go.jp/jp/singi/it2/kettei/010122honbun.html〉。
[14] インターネット協会監修『インターネット白書2003』インプレス, 2003年。
[15] 総務省『情報通信白書2003』ぎょうせい, 2003年。

2　ジャーナリズムに見る英語
[１] デイヴィッド・クリスタル『地球語としての英語』國弘正雄訳, みすず書房, 1999

年, 15-17 頁。
[２] 同上, 113-115 頁。
[３] Paul Julius von Reuter (1816-99):ドイツ生まれの英国のジャーナリスト。世界初の通信社を創設 (1851 年)。
[４] 年刊誌 Book of Lists を刊行しているのは, 米ミシガン州グランドラピッズの Grand Rapids Business Journal Express という出版社。
[５] この調査の基本資料となったのは「世界の通信社へのリンク」という名のホームページで, そのアドレスは, http://www007.upp.so-net.ne.jp/news-agency/。
[６] 報道の中軸をなす編集局には外信部のほか以下の各部がある (カッコ内は部員数) が, これらの部は原則として取材・報道に英語を使うことはない。政治部 (55 人), 経済部 (53 人), 金融証券部 (43 人), 社会部 (98 人), 運動部 (56 人) である。
[７] 金子敦郎『国際報道最前線』リベルタ出版, 1997 年, 178 頁。
[８] 藤竹暁編『図説 日本のマスメディア』日本放送出版協会, 2000 年, 48 頁。
[９] 同上, 48 頁。
[10] 宮坂氏はかつて国際基督教大学在学中, 筆者が非常勤講師として開講した「新聞学」を受講した一人。1982 年, 共同通信社に就職し現在に至っている。ワシントン特派員は今回で２度目。なお, この回答は 2003 年 10 月, Ｅメールで送ってもらった。
[11] 倉田保雄『ニュースの商人ロイター』朝日新聞社, 1996 年, 274 頁。引用した数字は 1980 年前後のものなのでやや古いが, その後の「輸出努力」にもかかわらず, 日本のニュース貿易大幅入超基調は変わっていない。

3　福祉を考える英語──What's Inclusion?
[１] 法務省入国管理局「平成 14 年末現在における外国人登録者統計について」2003 年 5 月〈http://www.moj.go.jp/PRESS/030530-1/030530-1.html〉入手 2004 年 5 月。
[２] Wolf Wolfensberger, *The Principle of Normalization in Human Services*, Toronto: National Institute on Mental Retardation, 1981. 邦訳は『ノーマリゼーション──社会福祉サービスの本質』中園康夫・清水貞夫訳, 学苑社, 1982 年。
[３] 花村春樹『「ノーマリゼーションの父」Ｎ．Ｅ．バンク＝ミケルセン──その生涯と思想』ミネルヴァ書房, 1994 年, 80-81 頁。
[４] ヴォルフェンスベルガー, 前掲書。
[５] 杉野昭博「ノーマライゼーションの初期概念とその変容」『社会福祉学』第 33 巻第 2 号, 1992 年 10 月, 187-203 頁。
[６] 中野善達編『メインストリーミング』第 2 巻, 筑波大学教育研究科カウンセリング専攻リハビリテーションコース, 1997 年。

4　子どもたちと英語
[１] 2003 年 12 月 12 日の筆者担当の授業に対する学生のフィードバックから。筆者が漢字や句読点等, 一部変更したが, ほぼ原文に近いかたちで表した。東洋英和女学院大学には, 人間科学部人間科学科, 同人間福祉学科, 国際社会学部国際社会学科の 2 学部

3学科があり、この授業は全学科の1年生から4年生が履修することができた。
［2］「幼保小の学びの連続性・連携」については、21世紀に入り、日本保育学会の大会や学会誌『保育学研究』、全国幼稚園教育研究会の大会や紀要、横浜市の実践研究等でも取り上げられている。
［3］2004年1月から3月、東京都内にて筆者が購読している新聞に入っていた折込み広告からの抜粋である。
［4］無藤隆「やりすぎれば害があり、ほどほどでは効果なし——早期教育を、発達心理学から検討する」『ひと』1994年12月号, 50-58頁。
［5］森楙・小林洋子「幼児期の英語学習に対する親の態度」『幼児とおけいこごと——日本保育学会年報1986年版』1986年, 53-60頁。
［6］内田伸子「第2言語学習における成熟的制約——子どもの英語習得の過程」桐谷滋編『ことばの獲得』ミネルヴァ書房, 1999年, 195-228頁。
［7］中島和子『バイリンガル教育の方法——12歳までに親と教師ができること』アルク, 2001年。
［8］内田伸子「早期教育という迷信 "三歳では遅すぎる"には根拠がない」『ひと』1994年12月号, 6頁。

第5章　彼らの英語と私たちの英語
1　異文化を考える
［1］石井敏他編『異文化コミュニケーションの理論——新しいパラダイムを求めて』有斐閣, 2001年, 1-2頁。
［2］ジョン・コンドン『異文化間コミュニケーション——カルチャー・ギャップの理解』近藤千恵訳, サイマル出版会, 1980年, 7頁。
［3］同上, 7頁。
［4］同上, 8-9頁。
［5］同上, 10頁。
［6］八代京子・荒木晶子・樋口容視子他『異文化コミュニケーション・ワークブック』三修社, 2001年, 28頁。
［7］同上, 29頁。
［8］コンドン, 前掲書, 16頁。
［9］同上, 18-20頁。
［10］八代, 前掲書, 33頁。
［11］同上, 17-19頁を参照。
［12］「英語社会を勝ち抜く仕事術」『ニューズウイーク』2004年4月号, 41頁。
［13］同上, 43頁。
［14］同上, 43頁。
［15］同上, 46-47頁。

2　英語学習と異文化理解の三つの段階

［1］「世界諸英語」(World Englishes) の概念に関しては，以下の文献が参考になる。本名信行『アジアをつなぐ英語』アルク, 1999 年；David Crystal, *English as a Global Language*, Cambridge: Cambridge University Press, 1997; Larry E. Smith & Michael L. Forman (eds.), *World Englishes 2000*, Honolulu: University of Hawaii Press, 1997; Gunnel Melchers & Philip Shaw, *World Englishes: An Introduction*, London: Arnold, 2003.

［2］もっとも，こうしたコミュニケーションの手段としての「国民語」や「標準英語」の"共通語としての機能"は，決して自発的・中立的な過程を経て実現したわけではない。「国民語」の普及の過程は，しばしば中央政府による強制的措置や差別的待遇を伴って進められたし，また国際語としての「標準英語」の地位は過去のイギリスやアメリカの植民地政策や覇権的な政策の結果として得られたという側面もあるからである。

［3］ダニエル・ベル『脱産業社会の到来——社会予測の一つの試み』上・下，内田忠夫訳，ダイヤモンド社, 1975 年；アルビン・トフラー『第三の波』鈴木健次他訳，中央公論, 1982 年。

［4］「分権的多層多元的統治」の概念については，名嘉憲夫「沖縄県の対外活動と地方自治・分権」宮崎正康・地域研究会編『地方分権——改革と課題』山川出版社, 2003 年, 190-193 頁を参考にせよ。

［5］宮野勝「価値観，フェアって何？」苅谷剛彦編『比較社会・入門』有斐閣, 1997 年, 110 頁。

［6］本名, 前掲書, 150-152 頁。

［7］佐野正之・水落一郎・鈴木龍一『異文化理解のストラテジー』大修館書店, 1995 年, 131, 132, 135 頁。

［8］ジャクリーヌ・ワシレウスキー「しなやかさとしたたかさと——少数民族とアメリカ社会」斉藤眞・大西直樹編『今，アメリカは』南雲堂, 1995 年, 71-72 頁。さらに J. H. Wasilewski, "Effective Coping and Adaptation in Multiple Cultural Environments in the United States by Native, Hispanic, Black, and Asian Americans," Ph.D. dissertation, University of Southern California, Los Angeles, 1982 を参照せよ。

3　日本人として英語を使うこと

［1］筆者は 1955 年生まれ。

［2］鈴木孝夫『日本語は国際語になりうるか——対外言語戦略論』講談社学術文庫, 1995 年。

［3］Bernard Comrei (ed.), *The World's Major Languages*, Oxford: Oxford University Press, 1990 を参考にした。

［4］国連の公用語に関する詳細は，第 1 部第 1 章 - 4 を参照のこと。

［5］もちろん，これらの言い方は俗語的な表現として存在しているため，必ずしもこのような表現をしたからといって，正しい文法を知らないということになるわけではない。

［6］デビット・ゾペティ『いちげんさん』集英社, 1996 年。

[7] Gordon W. Prange, in collaboration with Donald M. Goldstein & Katherine V. Dillon, *At Dawn We Slept: The Untold Story of Peal Harbor*, 50th Anniversary ed., New York: Penguin Books, 1991 [1981].
[8]『真珠湾は眠っていたか』全3巻, 土門周平・高橋久志訳, 講談社, 1986年。
[9] 茶道についての英書には裏千家のものが多いが, ほかにもたくさんある。このような英書を通して茶道に切実な関心を持ち, 茶道家の門を叩いて来日し, 職業茶人になってしまう外国人もいる。日本文化の中核のひとつである茶道が, そのように切実な生き甲斐を多くの外国人にさえ提供しているという事実は, 日本文化の普遍性を雄弁に語っている。英語の茶道書には以下のようなものがある。

Soshitsu Sen XV, *The Japanese Way of Tea: From its Origins in China to Sen Rikyu*, Honolulu: University of Hawaii Press, 1998.

Sen XV Soshitsu, *The Spirit of Tea*, New York: Weatherhill, 2003.

A. L. Sadler, *Chanoyu: The Urasenke Tradition of Tea*, New York: Weatherhill, 1989. 浅野晃訳『茶の本』講談社インターナショナル, 1998年。(1906年, 岡倉天心により英語で執筆され, ニューヨークで出版された *The Book of Tea* の英文対訳)

Herbert Plutschow, *Rediscovering Rikyu: and the Beginnings of the Japanese Tea Ceremony*, North Charleston, SC: Global Book Publisher, 2003.

Kent Morris, *The Historical Development and Contemporary Perspective of the Japanese Urasenke Way of Tea as Practiced in California*, Lewiston, N.Y.: Edwin Mellen Press, 2003.

Jennifer L. Anderson, *An Introduction to Japanese Tea Ritual*, New York: State University of New York Press, 1991.

A. L. Sadler, *Cha-no-yu The Japanese Tea Ceremony*, Rutland, Vermont: Charles E. Tuttle Company, 1962.

Paul Varley & Isao Kumakura (eds.), *Tea in Japan: Essays on the History of Chanoyu*, Honolulu: University of Hawaii Press, 1989.

[10]「Summer doctor」『枝雀落語大全』第39集, 東芝EMI, 2003年。
[11] この点については, 岡本浩一『最強の英語上達法』PHP新書, 2002年を参照されたい。

執筆者紹介

特別寄稿者

本名 信行（ほんな のぶゆき）
青山学院大学大学院文学研究科修了〔文学修士〕
青山学院大学 国際政治経済学部 教授。専門は社会言語学，国際コミュニケーション

奥平 章子（おくだいら あきこ）
青山学院大学大学院国際政治経済学研究科修了〔国際コミュニケーション修士〕
Australian National University 大学院生
専門は国際コミュニケーション論

執筆者

赤枝 紅子（あかえだ べにこ）
国際基督教大学大学院教育学研究科修了〔教育学修士〕
東洋英和女学院大学 人間科学部 人間科学科 准教授。専門は異文化コミュニケーション，国際理解教育

池田 明史（いけだ あきふみ）
東北大学法学部卒業〔法学士〕
東洋英和女学院大学 国際社会学部 国際社会学科 教授。専門は国際政治学，中東現代政治

石川 卓（いしかわ たく）〔編著者〕
一橋大学大学院法学研究科修了〔博士（法学）〕
防衛大学校 総合安全保障研究科 准教授。専門は国際政治学，安全保障論

太田 良子（おおた りょうこ）
東京女子大学大学院文学研究科修了〔文学修士〕
東洋英和女学院大学 名誉教授。専門はイギリス文学

岡本 浩一（おかもと こういち）
東京大学大学院社会学研究科修了〔社会学博士〕
東洋英和女学院大学 人間科学部 人間科学科 教授。専門は社会心理学

スイッペル パトリシア（SIPPEL, Patricia）
ハーバード大学文理大学院歴史と東アジア言語学研究科修了〔Ph.D.〕
東洋英和女学院大学 国際社会学部 国際社会学科 教授。専門は歴史学

陶山 義雄（すやま よしお）
コロンビア大学大学院宗教文献学研究科修了〔M.A. in Literature of Religion〕
東洋英和女学院大学 名誉教授。専門は新約聖書学

竹下 裕子（たけした ゆうこ）〔編著者〕
カリフォルニア大学デイビス校大学院教育学研究科修了〔M.A. in Education〕
東洋英和女学院大学 国際社会学部 国際社会学科 教授。専門は社会言語学，英語教育

名嘉 憲夫（なか のりお）
パーデュー大学大学院政治学研究科修了〔Ph.D.〕
東洋英和女学院大学 国際社会学部 国際社会学科 准教授。専門は紛争解決，政治社会学

平田 幸宏（ひらた ゆきひろ）
筑波大学大学院教育研究科修了〔教育学博士〕
東洋英和女学院大学 人間科学部 人間福祉学科 准教授。専門は障害児教育，障害児保育

森 眞理（もり まり）
コロンビア大学大学院カリキュラム＆ティーチング研究科修了〔Ed.D.〕
東洋英和幼稚園 園長。専門は幼児教育，保育学

柳沢 昌義（やなぎさわ まさよし）
東京工業大学大学院社会理工学研究科修了〔博士（工学）〕
東洋英和女学院大学 人間科学部 人間科学科 教授。専門は認知科学，教育工学

山岡 清二（やまおか せいじ）
国際基督教大学教養学部卒業〔教養学士〕
東洋英和女学院大学 生涯学習センター 教授。専門は時事英語

	世界は英語をどう使っているか
	〈日本人の英語〉を考えるために

初版第 1 刷発行	2004年 6 月25日
初版第 6 刷発行	2023年 9 月 1 日

編著者	竹下裕子
	石川　卓
発行者	塩浦　暲
発行所	株式会社 新曜社
	〒101 - 0051　東京都千代田区神田神保町 3 - 9
	電話　03(3264)4973㈹ ・ FAX　03(3239)2958
	E-mail：info@shin-yo-sha.co.jp
	URL：http://www.shin-yo-sha.co.jp/
印刷・製本	株式会社 栄　光

ⓒYuko Takeshita, Taku Ishikawa, editors, 2004　Printed in Japan
ISBN 978 - 4 - 7885 - 0906 - 1　C 1082